高等院校精品课程系列教材

衍生金融工具基础

The Basis of Derivative Financial Instruments

任翠玉 编著

机械工业出版社

China Machine Press

图书在版编目（CIP）数据

衍生金融工具基础 / 任翠玉编著 . —北京：机械工业出版社，2018.9（2022.8 重印）
（高等院校精品课程系列教材）

ISBN 978-7-111-60763-2

I. 衍⋯　II. 任⋯　III. 金融衍生产品 – 高等学校 – 教材　IV. F830.95

中国版本图书馆 CIP 数据核字（2018）第 192575 号

　　本书按照由表及里、由浅入深的逻辑结构向读者介绍当今衍生金融工具的发展及类型，以远期、期货、期权、互换四种基本衍生金融工具类型为主线，分别阐述这些工具的特征、定价、交易策略以及风险管理。

　　本书的目的是使读者饶有兴趣地学习基本的衍生金融工具，掌握其特性，并孜孜不倦地深入研究如何对其进行合理定价，且能够将理论应用于实践。

出版发行：机械工业出版社（北京市西城区百万庄大街 22 号　邮政编码：100037）

责任编辑：冯小妹		责任校对：殷　虹	
印　　刷：固安县铭成印刷有限公司		版　　次：2022 年 8 月第 1 版第 5 次印刷	
开　　本：185mm×260mm　1/16		印　　张：13	
书　　号：ISBN 978-7-111-60763-2		定　　价：40.00 元	

随着金融创新的发展，衍生金融工具不断推陈出新，已经成为经济全球化和金融一体化发展的主要推动力量。20 世纪 50 年代初农产品期货合约诞生，随之金融期货、期权、货币互换等衍生工具不断创新，尤其是 90 年代问世的信用衍生产品，以及 21 世纪人们耳熟能详的 ABS、MBS、CDO，资本市场衍生产品交易种类和结构的变化令人叹为观止、目不暇接。

然而，2007 年美国市场的次级贷款问题触发了几乎是全球性的金融危机，许多西方银行因资产证券化等衍生产品而蒙受了巨大损失，雷曼兄弟、AIG 等跨国金融机构因 CDS 等场外金融衍生品轰然倒下，金融市场一片狼藉。危机冲击下的中国也未能独善其身，2008 年我国部分企业因投资衍生金融产品失败发生巨额亏损，中国东方航空股份有限公司的航油套期保值公允价值损失约 62 亿元，中国国航因航油套期保值浮亏 68 亿元，中国远洋远期运费协议(FFA)公允价值损失约 40 亿元……一时间，衍生产品成为众矢之的，被视为给全球金融市场带来巨大灾难的罪魁祸首，是金融界的大规模杀伤性武器。国内外的舆论充满着对金融衍生品不加区分的口诛笔伐，衍生产品似乎有被"妖魔化"的趋势。

衍生产品真的如洪水猛兽这么可怕吗？其实不然。比如有人因为触电而死亡，有人因用火不慎而引起火灾，难道我们能够因为这些意外情况的发生而否定火与电的功能吗？"水可载舟，亦可覆舟"贴切地形容了衍生产品的特性，在几年前的安然倒闭事件中，由于购买了 CDS，持有 12 亿美元安然债券的花旗银行幸运地躲过了一劫。然而，同样是 CDS，却在此次全球性的次贷危机中将雷曼兄弟送上了不归路。金融衍生品究竟是天使还是魔鬼？这并没有一个非此即彼的答案。

通过对金融危机的反思，我们应更为深入和客观地认识衍生产品，不能否认其稳定市场、管理风险的作用，忽视其在金融危机考验下显示出的旺盛的生命力，而是应该反思自身在风险管理和衍生产品管理过程中的失误，总结教训，得到启示，从而充分发挥衍生产品固有的套期保值、管理风险的积极作用，促进我国衍生品市场的发展。

本书按照由表及里、由浅入深的逻辑结构向读者介绍当今衍生金融工具的发展及类型，以远期、期货、期权、互换四种基本衍生金融工具类型为主线，分别阐述这些工具的特征、定价、交易策略以及风险管理。

本书的目的是使读者饶有兴趣地学习基本的衍生金融工具，掌握其特性，并孜孜不倦地深入研究如何对其进行合理定价，且能够将理论应用于实践。

编者

2018 年 08 月

教学目的

本课程教学的目的在于让学生掌握衍生金融工具的基本知识和原理，主要包括远期、期货、期权、互换四种基本衍生金融工具，要求学生掌握这些工具的特征、定价原理、交易策略、市场运行机制以及如何运用它们进行风险管理。本教材不仅介绍了衍生金融工具的基本理论，而且结合大量例子阐述衍生金融工具的运用，并启发学生深入思考，使学生能够理论联系实际，将所学知识运用到实践中，为今后从事相关金融工作打下坚实的基础。

前期需要掌握的知识

金融学、经济学等课程相关知识。

课时分布建议

教学内容	学习要点	课时安排	
		本科	研究生
第1章 衍生金融工具概述	（1）掌握衍生金融工具的概念与分类 （2）掌握衍生金融工具的功能 （3）熟悉衍生金融工具的特征 （4）了解全球及我国衍生产品市场的发展	3	1
第2章 远期合约	（1）掌握远期合约的基本概念 （2）熟悉远期合约的优缺点 （3）掌握远期利率协议的相关概念 （4）理解远期利率协议的运作及功能 （5）掌握远期利率协议结算金的计算 （6）理解远期利率的确定 （7）熟悉远期外汇的含义与种类 （8）掌握远期汇率确定的基本原理	6	2

（续）

教学内容	学习要点	课时安排 本科	课时安排 研究生
第3章 期货市场的 运作机制	(1) 掌握期货合约的基本概念 (2) 掌握期货交易所、期货清算所的功能作用 (3) 了解期货市场的管理体系 (4) 理解期货交易流程以及期货交易风险管理制度	5	2
第4章 期货交易策略	(1) 掌握套期保值的含义及类型 (2) 熟悉运用套期保值策略 (3) 掌握基差风险的概念，理解基差风险对套期保值的影响 (4) 掌握套期保值最优合约数量的确定方法 (5) 掌握期货投机与套期保值的区别 (6) 掌握套利交易的原理及方式	6	2
第5章 金融期货交易	(1) 掌握外汇期货的交易规则 (2) 熟练运用外汇期货的套期保值交易策略 (3) 掌握利率期货的含义，了解短期利率期货与长期利率期货的种类 (4) 掌握利率期货的交易规则，理解基于久期的利率期货套期保值 (5) 掌握股票指数期货合约的含义及交易规则 (6) 熟练运用股票指数期货进行套期保值交易	6	2
第6章 期权交易概述	(1) 掌握期权合约的定义及要素 (2) 掌握期权的种类 (3) 了解期权市场的发展历程，熟悉期权市场的构成及运行机制 (4) 掌握基本期权交易策略	4	2
第7章 期权价格分析	(1) 掌握期权价值构成，掌握期权内在价值与时间价值的含义 (2) 理解权利金与内在价值、时间价值的关系 (3) 掌握期权到期价值的函数及损益 (4) 掌握影响期权价格的因素 (5) 理解期权价格的上下限 (6) 掌握看跌期权与看涨期权的价格关系	6	2
第8章 期权定价模型	(1) 掌握单期二叉树模型 (2) 理解多期二叉树模型 (3) 熟悉二叉树模型的现实应用 (4) 掌握风险中性定价原理 (5) 掌握 Black-Scholes 期权定价模型 (6) 理解期权价格的敏感性分析	6	3
第9章 金融互换交易	(1) 了解金融互换市场的产生与发展 (2) 熟悉金融互换的特点及局限性 (3) 掌握利率互换的含义及交易机制 (4) 理解利率互换的定价 (5) 掌握货币互换的含义及交易机制 (6) 熟悉货币互换的作用及定价	6	2
课时总计		36～54	18

说明：（1）在课时安排上，对于金融专业基础课建议按一周 3 个学时开设，共 54 个学时；对于经济学、管理学的学科选修课可以按一周 2 个学时安排，共 36 个学时；经济学、管理学研究生选修课可以按一周 1 个学时安排，共 18 个学时。标注课时的内容建议要讲，其他内容不一定讲，或者选择性补充。

（2）社会实践、上机等活动可以在课程中穿插进行。

目　录
CONTENTS

第1章
CHAPTER1

衍生金融工具概述

🧭 学习目标

- 掌握衍生金融工具的概念与分类。
- 掌握衍生金融工具的功能。
- 熟悉衍生金融工具的特征。
- 了解全球及我国衍生产品市场的发展。

1.1　衍生金融工具的概念与分类

1.1.1　衍生金融工具的概念

衍生金融工具(financial derivative)，也称金融衍生工具、金融衍生产品等，由于期货市场发展较早，交易量很大，所以很多人将衍生品市场等同于期货市场。实际上，衍生金融工具的概念更为广泛。

衍生金融工具由金融市场中现货交易商品衍生出来，之所以冠上"衍生"这个词，是因为该种商品的合约价值依附于其他基础金融商品的价格。比如，股票指数期货合约的标的是现货市场的股票价格指数，其价值的大小主要受现货股价指数高低的影响，因此股价指数期货就是一种典型的衍生金融工具。

我国台湾的陈威光教授曾以婚姻关系巧妙地比喻衍生产品：男生在结婚以前，是不会有丈母娘的，但若是结了婚，有了太太，就有了丈母娘。也就是说，丈母娘是由妻子衍生而来的。此时太太就是"现货"，而丈母娘就是"衍生性产品"。如果没有太太，当然也就不会有丈母娘。因此，如果没有现货，也就不会有衍生产品。

再者，如果这个男生很爱他的太太，一般也会尊敬他的丈母娘，这种爱屋及乌的心态，就如同现货商品和衍生产品的价格关系一样。现货商品价格会影响衍生产品的价格。大家思考一个问题，衍生产品的价格会不会影响现货商品价格呢？男生和他丈母娘的关系会不会影响他和他太太的关系呢？当然会，因此衍生产品的价格会影响现货商品的价格。

下面我们来看一个更为正式的定义，国际互换和衍生协会(International Swaps and Derivatives Association，ISDA)将衍生金融工具定义为"旨在为交易者转移风险的双边合约。合约到期时，交易者所欠对方的金额由基础商品、证券或指数的价格决定"。从这个定义可以看出，衍生金融工具的目的是转移风险(管理风险)，其价格是由现货市场商品价格决定的。

1.1.2　衍生金融工具的分类

虽然衍生产品的历史非常悠久，但是其爆炸性的成长开始于 20 世纪 70 年代，金融创新的蓬勃发展使得衍生金融工具不断推陈出新，并通过进一步分解和组合形成新的产品，种类繁多，不一而足。但是无论多么纷繁复杂的衍生金融工具，大多是从远期、期货、期权和互换等基本衍生工具发展而来的，因此，本书将重点阐述这四种基本的衍生工具。

1. 远期合约

远期合约是交易双方约定在未来某一特定时间，以某一特定价格买卖某一特定数量和质量资产的合约标的物的一种协定，远期合约的品种主要有商品远期交易、远期外汇交易、远期利率协定等。远期合约交易的特点有：

（1）远期合约交易是通过现代化通信方式在场外进行的，交易双方互相认识，合约内容由交易双方互相协商，具有较高的灵活性。

（2）远期合约交易不需要保证金，没有初始投资，远期合约的履约没有保证，当价格变动对一方有利时，另一方可能无力或无诚意履行合约，远期合约的违约风险较大。

（3）由于远期合约为非标准化合约，合约往往是为满足交易双方特定需求而制定的，因此有较大灵活性。但是由于每份合约千差万别，同时由于远期交易没有固定、集中的交易场所，因此远期合约的流动性较差，大部分交易都导致最后进行实物交割。

为了使大家更好地理解远期合约，现举一个例子加以说明。某日本出口商 2 个月后有一笔货物运到美国港口，对方以美元支付货款，假设金额为 10 万美元。为避免收款时美元贬值，日本出口商与银行达成卖出 10 万美元的 2 个月的远期外汇合约，约定汇率为 USD/JPY = 110.00（1 美元 = 110 日元）。由于远期外汇合约的成立，当对方付款时，无论到期时的汇率如何变化，出口商都要求银行按约定汇率交割，从而保证这笔出口货款可换回 1 100 万日元（即 100 000 × 110 = JPY11 000 000），避免了美元汇率下跌可能带来的损失。

2. 期货合约

期货合约简称期货，是交易双方约定在未来某一特定时间，以某一特定价格买卖某一特定数量和质量标的资产的一种正式合约性协定。当合约到期时，合约双方必须履行交割义务，即买方交钱，卖方交货，以完成合约所规定的事项。为了保证一方违约时，另一方不致遭受损失，在签订合约时买方和卖方都被要求支付一定数量的保证金，并视期货价格的变动情况确定其是否追加保证金。期货类衍生工具主要包括商品期货、外汇期货、利率期货、股票期货、股票指数期货等。

期货交易特点有：

（1）期货合约是标准化的合约。这种标准化是指进行期货交易的商品的品级、数量等都是预先规定好的，只有价格是变动的。这大大简化了交易手续，降低了交易成本，最大程度地减少了交易双方因对合约条款理解不同而产生的争议与纠纷。

（2）期货交易是在专门的期货交易所内进行的。在期货交易中，交易双方并不直接接触，期货交易所充当期货交易的中介，充当期货合约买卖双方的交易对手，交易所通过保证金制度防止信用风险。

（3）期货交易可以双向交易，期货既可以买空也可卖空。价格上涨时可以低买高卖，价格下跌时可以高卖低补。做多可以赚钱，而做空也可以赚钱，所以说期货无熊市。

（4）期货交易具有高杠杆的特性，即期货交易无须支付全部价款，而只需要交纳5%～15%的履约保证金就能完成数倍乃至数十倍的合约交易。保证金制度的实施，使期货交易具有"以小博大"的杠杆原理，吸引众多交易者参与，但是随价格的变化，交易者有可能要追加保证金。理论上而言，交易双方所承担的风险损失都是无限的。

以大连商品交易所黄大豆2号期货合约为例，为大家展示标准化的期货合约，如表1-1所示。

表1-1　黄大豆2号期货合约

交易品种	黄大豆2号
交易单位	10吨/手
报价单位	元（人民币）/吨
最小变动价位	1元/吨
涨跌停板幅度	上一交易日结算价的4%
合约月份	1月、3月、5月、7月、9月、11月
交易时间	每周一至周五上午9:00～11:30，下午13:30～15:00，以及交易所公布的其他时间
最后交易日	合约月份第10个交易日
最后交割日	最后交易日后第3个交易日
交割等级	符合《大连商品交易所黄大豆2号交割质量标准（FB/DCE D001—2013）》
交割地点	大连商品交易所指定交割仓库
最低交易保证金	合约价值的5%
交易手续费	不超过4元/手
交割方式	实物交割
交易代码	B
上市交易所	大连商品交易所

3. 期权合约

期权合约简称期权，又称选择权，期权交易实质上是一种权利的买卖。期权的一方在向对方支付一定数额的权利金后，即拥有在某一特定时间，以某一特定价格买卖某一特定种类、数量、质量资产的权利。期权类衍生工具主要包括商品期权、外汇期权、利率期权、股票期权、股票指数期权等。期权交易的特点有：

（1）期权交易对象特殊。期权交易是以一种特定的权利为买卖对象的交易，是一种权利的有偿使用，即期权的买方向期权的卖方支付了一定数额的权利金后，就拥有了在规定的有效期内按事先规定的敲定价格向期权的卖方买进或卖出一定数量的某种商品期货合约的权利。

（2）买卖双方的权利义务不等。在期权交易中，期权的买方有权确定是执行权利还是放弃权利，卖方只有义务按买方的要求去履约，买方放弃此权利时卖方才不执行合约。

（3）买卖双方的风险收益结构不对称。期权交易的买方在成交时要支付一定的权利金，但没有实际执行合同的义务，所以期权买方的亏损是有限的，其最大的损失额就是权利金；而期权交易的卖方收取权利金，出卖了权利，他的损失可能是无限的。

（4）买卖双方的履约保证金不同。在期权交易中，期权的买方没有执行期权合同的义务，因此不需要交纳保证金；而期权的卖方则不然，他在期权交易中面临的风险损失很难准确预测，为此必须预先交纳一笔保证金以表明其具有履约的能力。

例如，一份基于微软公司的股票期权合约规定，期权的买方支付给卖方每股0.125 美元的权利金后，可以获得在一个月后以每股27.5 美元的价格买入 1 股微软股票的权利。到期时，如果微软公司股票的价格高于27.5 美元，买方则可以执行期权，以每股27.5 美元的价格买入 1 股微软股票，从中获利，而期权的卖方则按合约规定无条件地履行合约，遭受损失；但是如果到期时微软股票的价格低于27.5 美元，期权的买方必然放弃执行期权，其最大的损失是权利金0.125 美元，期权卖方的收入就是每股0.125 美元的权利金。期权的卖方最大的收入是权利金，而承担的损失可能是无限的，这个合约好像不太公平，很多人可能认为没有人愿意做期权的卖方，但事实上市场是公平的，期权费的设定是通过对未来价格变化概率的精密计算得出的，正常情况下，足以弥补期权卖方所承担的一般损失。

4. 互换合约

互换合约是指交易双方签订的在未来某一时期相互交换某种资产的合约，更为准确地说，互换合约是当事人之间签订的在未来某一期间内相互交换他们认为具有相等经济价值的现金流的合约。较为常见的互换类衍生工具是利率互换和货币互换，其他互换类衍生工具还有商品互换、股票指数互换等。

以 IBM 公司与世界银行在 1981 年 8 月进行的一次成功的货币互换为例。1981 年8 月，美国所罗门兄弟公司为 IBM 公司和世界银行安排了一次货币互换。当时 IBM 公司绝大部分资产以美元构成，为避免汇率风险，希望其负债也是美元；另一方面，世界银行希望用瑞士法郎或联邦德国马克这类绝对利率最低的货币进行负债管理。同时，世界银行和 IBM 公司在不同的市场上有比较优势，世界银行通过发行欧洲美元债券筹资，其成本低于 IBM 公司筹措美元资金的成本；IBM 公司通过发行瑞士法郎债券筹资，其成本低于世界银行筹措瑞士法郎的成本。于是，通过所罗门兄弟公司的撮合，世界银行将其发行的 2.9 亿欧洲美元债券与 IBM 公司等值的联邦德国马克、瑞士法郎债券进行互换，各自达到了降低筹资成本的目的。据《欧洲货币》杂志 1983年 4 月号测算，通过这次互换，IBM 公司将 10% 利率的联邦德国马克债务转换成了8.15% 利率（两年为基础）的美元债务，世界银行将 16% 利率的美元债务转换成了10.13% 利率的德国马克债务。由此可见，其降低筹资成本的效果十分明显。

1.2　衍生金融工具的功能与特征

1.2.1　衍生金融工具的功能

1. 风险管理功能

风险即不确定性，市场上汇率、利率和商品价格的变动具有不确定性，它们不仅影响一个企业的年度盈利状况，甚至还能决定一个企业的生存。20 世纪 70 年代初固定汇率制布雷顿森林体系的崩溃导致汇率波动性增强；70 年代末期，联邦储蓄委员会主席保罗·沃尔克放弃了以利率调节货币政策的惯例，而开始采用货币供给增长率，结果利率开始变得极不稳定；商品价格的波动性在 70 年代和 80 年代也增强了，由此可见，在过去的 40 年，这些价格的变化给企业带来越来越大的挑战。企业仅有先进的生产技术、廉价的劳动力和最佳的营销队伍远远不够，因为价格的波动足以使一个经营良好的企业破产。70 年代金融环境的变化激发了对新的金融工具的需求，人们开发出新的金融工具来管理由金融价格波动引起的风险敞口。

衍生金融工具的出现为投资者提供了一种有效的风险分配机制，该功能也是衍生金融工具被企业界广泛应用的初衷所在。那么，衍生金融工具是如何实现风险管理功能的呢？关键在于它能够实现风险的重新配置。市场上不同的投资者对风险的承受能力不同，有的投资者愿意冒一定风险，去获取较高的收益；而有的投资者只希望赚取确定的收益，不愿意承担风险。这样就产生了分离风险的客观需求。通过套期保值使希望避免风险的人把风险转移给愿意承担风险的人，这样投资者可以根据各种风险的大小和自己的偏好更有效地配置资金。例如，我们知道股指期货的价格受制于现货市场的股票价格指数，影响股票价格指数的诸多因素同样左右着股指期货的价格，所以期货价格和现货价格具有平行变动性，如果套期保值者在股指期货上做与现货市场金额相同但交易方向相反的操作，则现货市场与期货市场的盈亏就会对冲，套期保值者则规避了价格变动的风险。相应地，风险转移给了套期保值者的交易对手——投机者，投机者没有现货需要保值，而是希望通过期货交易赚取买卖价差，他们愿意为追逐高利润而承担更大的风险。可见，衍生工具实现了风险在投资者之间的重新分配。此外，期权的购买者可以根据价格的变化情况选择是否履约；场内的衍生产品交易可以方便地随时根据需要进行抛补；场外的衍生产品可以根据客户的需要"量身定做"，这些特性使衍生工具在风险管理方面更具有灵活性。正如默顿·米勒（1992 年）所言，"有效的风险分担方案正是期货和期权革命的主要意义。"而在现实生活中也确实如此，2003 年 4 月，世界互换与衍生产品协会（ISDA）的研究显示，世界 500 强中有 92% 的企业利用衍生产品是为了管理和对冲风险。在使用衍生产品的企业中，有 92% 利用衍生产品控制利率风险，85% 利用衍生产品控制汇率风险，25% 利用衍生产品控制商品价格风险，12% 利用衍生产品控制股价风险。[一] 使用衍生产品对冲利率、汇率、商品价格风险已成为许多公司的经常性工作。

练习与思考 ●●●●>

海湾战争导致了石油价格的急剧下跌，相应地，石油公司的存货价值也下跌了。默顿·米勒对芝加哥石油公司的财务主管说："这为你们提供了一个投机石油价格的机会。"财务主管说："但是我们没有投机，我们根本没有运用期货市场。"

如何理解米勒教授的话？为什么说公司对石油价格进行了投机？

〇　Mello A，J E Parsons. "Maturity Structure of a Hedge Matters：Lessons from the Metallgesellchaft Debacle"，Journal of Applied Corporate Finance，Vol. 8，No. 1（Spring 1995），pp. 106-120.

【答案】

没有对石油存货进行套期保值是因为公司赌石油价格不会下跌，预测错误，所以亏损，不套期保值实际上就是一种投机。

2. 价格发现功能

衍生产品市场是有关现货市场价格信息的重要来源，特别是期货市场，在一个公开、公平、高效、竞争的期货市场中，通过期货交易形成的期货价格能够比较真实地反映现货商品价格的变动趋势，这看起来似乎让人有些不可思议。我们知道，衍生品交易与现货交易的一个重要区别就是衍生品交易是一个远期交易，在合约当中事先约定了未来交易产品的价格，其在交易者信息收集和价格动向分析的基础上，通过公开竞价的方式达成买卖协议，协议价格能够充分反映出交易者对市场价格的预期，也能在相当程度上体现出未来的价格走势，这就是价格发现。衍生工具交易特别是场内交易集中了各方面的市场参与者，带来了成千上万种基础资产的信息和市场预期，使寻找交易对象和决定价格的信息成本大大降低。被衍生市场发现的价格随时随地通过各种传播方式向各地发布，这就为相应的经济领域提供了信息的生产和传递功能，为广大的生产者和投资者提供了正确的价格信号，从而使生产者和投资者可以相应制订和调整其生产与经营计划，使经济社会每一个成员都能更快更好地从未来价格预测中获益，促进资源的合理配置。

3. 增强市场有效性功能

在金融理论中，有效的资本市场是指资产的价格反映了所有可以得到的公开信息，任何人不会得到超额收益。当然，完全有效的资本市场是非常理想化的，在实际中几乎不可能存在。但是，有效的资本市场是我们不断追求的一种理想状态，因为市场越有效，资产的定价越公允，市场主体获得的福利越大。因此，资产定价偏误是否存在以及偏误的大小是市场是否有效的一个重要标志。一个有效的资本市场是一个不存在定价偏误的市场，也是一个不存在套利机会的市场。衍生工具的出现增加了不同金融工具市场和不同国家之间的联系，衍生品市场中低廉的成本和简便的方式有助于套利交易和迅速的交割调整，以消除套利机会的存在，从而有利于减弱市场的不完善性，加强市场的竞争，缩小金融工具的买卖差价，消除或修正某些市场或金融工具的不正确定价，进而促进了市场的完善。

1.2.2　衍生金融工具的特征

衍生金融工具与原生金融工具相比，具有以下特征。

1. 衍生金融工具交易具有跨期性

现货市场交易的特点是即期或短时间内进行款项的支付和产品的交割，衍生金融工具则是基于对商品价格、利率、汇率等价格因素变化的预测约定在未来某一时间按照一定的条件进行交易或者选择是否交易。

2. 衍生金融工具构造具有复杂性

随着金融环境的变化和信息技术的进步，衍生产品的设计日趋精密和复杂化，人们可以通过对金融工具（包括基础的金融工具和衍生金融工具）组合和分解，创造出具有不同风险—收益结构的多种衍生产品的变形。例如，20 世纪 90 年代发展起来的信用衍生产品和近些年来出现的信贷资产证券化，金融创新层出不穷，一方面使衍生金融工具具有更充分的弹性，更能满足使用者的特定需要；另一方面也导致大量的金融工具难以为投资者理解，更难以掌握和驾驭。2008 年全球金融危机产生的一个重要原因，就是对衍生金融工具的特性缺乏深层了解，无法对交易过程进行有效的监督和管理，运作风险在所难免。

3. 衍生金融工具交易具有高风险性

"华尔街的种种高风险金融衍生品已经成为金融领域的大规模杀伤性武器。"沃伦·巴菲特 2003 年发出的这一警告，在 2008 年发生的全球金融危机中让全球领教了金融衍生品的杀伤力。由于衍生产品交易要求的初始净投资很少（甚至可以没有，如远期交易），初始净投资通常表现为保证金，保证金的比率相对于合约的交易金额非常小，因此交易者只需要动用少量的资金（甚至不用资金，仅凭信用）即可进行数额较大的交易，从而取得以小博大的效果。但是，保证金"四两拨千斤"的杠杆作用将收益成倍扩大的同时，风险也成倍扩大了。例如，2008 年金融危机爆发的导火索是次贷危机，次贷危机本来是信贷市场的问题，但经过分解组合后生成复杂的衍生品，最后变成了证券市场的问题。MBS（住宅抵押贷款支持证券）就是次级贷款发放机构因为无法通过吸收存款来获得资金，为获得流动性而把次级贷款组成"资产池"，通过真实出售、信用增级等技术发行的证券化产品。后来，以 MBS 为基础资产进一步发行 ABS（资产支持证券），其中，又衍生出大量个性化的 CDO（担保债务凭证），以及进一步衍生出 CDO 平方、CDO 立方等。持续上涨的房价以及较低的利率水平使风险溢价较低，于是，机构投资者不惜以高杠杆借贷投资这些产品。因为次级贷款是上述信用衍生产品最初的基础资产，所以次级贷款的运行状况直接或间接决定着这些产品的市场运行。一旦次级贷款发生危机，上述产品的市场将很难幸免于难。由于资产支持证券的反复衍生和杠杆交易，实体经济的波动（如房地产市场的波动）使这些信用衍生品市场及相关的金融市场产生更为剧烈的波动。由此可见，高杠杆比例和过长的金融衍生品链条使风险大大提高，同时过于复杂的衍生产品使监管变得非常困难，运作风险急剧增大。

1.3   衍生金融工具市场的发展

1.3.1   全球衍生金融工具市场的发展

1. 衍生金融工具市场发展的历史回顾

国际衍生品市场的发展，大致经历了由商品期货、金融期货到期权和互换，交易品种不断增加、交易规模不断扩大的过程。

1848 年芝加哥期货交易所（CBOT）的诞生以及 1865 年标准化合约的推出，标志着现代衍生品交易的开始。随着现货生产和流通的扩大，新的期货品种不断出现，除了农产品期货之外，又增加了金属期货。1876 年成立的伦敦金属交易所（LME）是第一家金属期货交易所，至今该交易所的期货价格依然是国际有色金属市场的晴雨表。20 世纪 70 年代初国际经济形势发生急剧变化，布雷顿森林体系的解体，使固定汇率制被浮动汇率制取代，利率管制等金融管制政策逐渐取消，汇率、利率频繁剧烈波动，促使金融期货、期权和互换合约的产生。1972 年 5 月，芝加哥商业交易所（CME）设立了国际货币市场分部（IMM），首次推出包括英镑、加拿大元、西德马克、法国法郎、日元和瑞士法郎等在内的外汇期货合约。1973 年，期权交易出现了革命性的变化。世界上最早也是最大的期货交易所——芝加哥期权交易所（CBOE）的诞生，标志着现代意义上期权交易的产生。此后，世界各地交易所纷纷开始进行期权交易，交易品种也由股票期权逐渐扩展至货币、指数及期货期权等，交易量迅速膨胀。1975 年 10 月，芝加哥期货交易所上市国民抵押协会债券（GNMA）期货合约，从而成为世界上第一个推出利率期货合约的交易所。1982 年 2 月，美国堪萨斯期货交易所

（KCBT）开发了价值线综合指数期货合约，使股票价格指数也成为期货交易的对象。1985 年 2 月，以活跃在互换市场上的银行、证券公司为中心，众多的互换参与者组建了旨在促进互换业务标准化和业务推广活动的国际互换交易协会（International Swap Dealer's Association，ISDA），拟定了标准文本"利率和货币互换协议"。该协议的实施，标志着金融互换结构进入了标准化阶段，为金融互换交易的深入发展创造了良好的条件，大大提高了交易效率。21 世纪初，随着信贷衍生债券市场的高速发展，带动了一种新兴衍生金融工具"信用违约互换"（credit default swap，CDS）、"债务抵押债券"（collateralized debt obligation，CDO）的兴起，资本市场衍生产品交易种类和结构的变化令人叹为观止、目不暇接。

2. 衍生金融工具市场发展的特点

（1）衍生品交易发展迅速，亚太地区发展尤为突出。

虽然现代衍生产品市场的发展只有短短 160 多年的历史，但是衍生产品市场一直是增长速度最快的金融市场，自 20 世纪 70 年代以来，衍生产品市场特别是场外金融衍生产品市场发展迅速，其交易量远远超过了金融现货市场，在当今世界金融市场体系中有着举足轻重的地位。2016 年，全球期货与其他场内衍生品成交量实现了连续 4 年的增长。美国期货业协会（FIA）对全球 78 家交易所中期货与期权成交量的统计结果显示，2016 年全球交易所合约成交量相较于 2015 年增加了 1.69%，252.20 亿手，超过 2011 年的最高水平 250 亿手，达到 10 年来的最高水平。

从全球地区分布来看，北美、欧洲和亚太地区三足鼎立，拉美等其他地区则占据较小的市场份额（如表 1-2 所示）。2016 年，亚太地区的期货与其他场内衍生品交易量占全球交易量的 36.4%，成交 91.81 亿手，尽管同比下降了 5.33%，但仍居全球首位；其次是北美地区，占全球交易量的 34.06%，成交近 86 亿手，同比增长 4.77%；欧洲地区排名第三，占全球 20.54%，交易量达到 51.8 亿手，同比增长 8.01%；拉丁美洲占 6.4%，交易量为 16.15 亿手，同比增长 11.34%；其他地区占 2.6%，交易量为 6.54 亿手，同比增长 8.42%。

表 1-2　2015～2016 年全球期货与其他场内衍生品成交量分地区比较情况

地区	2015 年（手）	2016 年（手）	占全部比重 （2016 年）（%）	同比变化（%）
亚太	9 697 245 237	9 180 674 887	36.40	-5.33
北美	8 198 938 400	8 589 865 508	34.06	4.77
欧洲	4 795 837 387	5 180 068 421	20.54	8.01

（续）

地区	2015 年(手)	2016 年(手)	占全部比重 (2016 年)(%)	同比变化(%)
拉丁美洲	1 450 744 978	1 615 293 377	6.40	11.34
其他	658 103 273	654 024 124	2.60	-0.62
总和	24 800 869 275	25 219 926 317	100.00	1.69

资料来源：美国期货业协会（FIA）。

（2）金融产品成为主要期货商品，传统产品交易量占比较小。

从交易品种来看，衍生品市场主要由金融产品、农产品、能源产品、金属产品及其他的期货和期权构成。其中，金融期货和期权（股指、股票、利率、外汇）占据主要的市场份额，传统的农产品、能源产品和金属产品的期货和期权占据份额较小（如表 1-3 所示）。2016 年，金融期货和期权交易量占全球交易量的 72.44%，交易量达到 182.68 亿手；农产品、能源产品和金属产品的期货和期权交易量占全球交易量的 25.13%，交易量为 69.51 亿手。

表 1-3 2015～2016 年各品种期货及期权成交量情况对比

种类	2015 年(手)	2016 年(手)	占全部比重 (2016 年)(%)	同比变化(%)
股票指数	8 339 604 232	7 117 487 070	28.22	-14.65
单个股票	4 944 753 556	4 557 878 357	18.08	-7.82
利率与债券	3 251 058 673	3 514 907 620	13.94	8.12
外汇	2 797 204 200	3 077 836 847	12.20	10.03
农产品	1 410 908 886	2 214 163 491	8.78	56.93
能源产品	1 639 373 085	1 931 906 582	7.67	17.82
非贵金属	1 280 935 517	1 877 347 155	7.44	46.56
贵金属	316 685 335	312 137 035	1.24	-1.44
其他	820 045 791	616 262 160	2.43	-24.85
总和	24 800 869 275	25 219 926 317	100.00	1.69

资料来源：美国期货业协会（FIA）。

1.3.2 我国衍生金融工具市场的发展

以 1990 年 10 月 12 日郑州粮食批发市场的开业为标志，我国衍生品市场已经走过了 20 多年的发展历程，大致可以划分为三个阶段：1990 年 10 月～1993 年 11 月初创时期的盲目发展阶段、1994 年 4 月～2000 年 12 月以政策调控为主的治理整顿阶段和 2001 年 3 月以来的复苏与规范发展阶段。

1990 年 10 月 27 日，中国引入期货交易机制的全国性批发市场——中国郑州粮食批发市场开业。随后各省争相成立期货公司，据有关部门统计，截至 1993 年年底，全国已经批准建立 40 多家，开业 33 家。经纪公司的建立稍晚一些，1992 年 9 月我国第一家期货经纪公司——广东万能期货经纪公司成立。1992 年 6 月 1 日，上海外汇调剂中心首先推出了外汇期货合约，进行人民币对美元、英镑、德国马克、日元的期货交易，但是由于当时外汇期货交易不活跃，许多期货经纪公司存在违规操作，严重损害客户与国家的利益，1993 年上海外汇调剂中心被迫停止了外汇期货交易。1992 年 12 月 28 日上交所首先推出了国债期货交易，随后国债期货飞速发展，截至 1995 年全国开设国债期货的交易场所从两家陡然增加到 14 家，各地挂牌的国债期货合约多达 60 多个品种，当时机构和专业投资者占主导地位，大户操纵市场，投机气氛严重。1995 年 5 月，爆发非法操纵国债期货合约的"327"事件，中国证监会被迫发布了《关于暂停国债期货交易试点的紧急通知》，国债期货市场关闭。1993 年 3 月 10 日，海南证券交易中心首次推出了股票指数期货，但是只运行了半年时间，由于严重的投机行为被迫停止。

在我国商品期货盲目发展的初创阶段，曾出现过 50 多家商品交易所、300 余家期货经纪公司和 2 000 多个期货兼营机构。由于行政主管部门不明确，无法可依，期货市场混乱，欺诈行为盛行。1998 年 8 月，国务院确立中国证监会统一负责对全国证券、期货业的监管，并发布《关于进一步整顿和规范期货市场的通知》，明确了"继续试点，加强监管，依法规范，防范风险"的原则，将 14 家交易所撤销合并为上海、郑州和大连 3 家，仅保留 12 个商品期货交易品种。2000 年 12 月 28 日，中国期货业协会成立大会在北京举行，期货业监管和自律体系完全确立，治理整顿阶段全面结束。

2001 年 3 月，"稳步发展期货市场"被写入"十五"规划纲要，标志着我国商品期货市场复苏阶段的开始。2004 年 6 月，期货市场经过多年清理整顿后的第一个新品种——棉花期货合约在郑州商品交易所成功上市。之后，商品期货市场获得长足发展，燃料油、玉米、黄大豆 2 号、豆油、白糖、棕榈油、黄金等期货品种陆续上市，期货交易规模逐年扩大，大连期货交易所 2003 年进入了全球十大期货交易所的行列，我国的商品期货市场逐渐走向成熟。

2005 年，我国又相继开放了国债远期交易市场、股票权证市场、人民币远期交易市场以及抵押债券市场。2006 年 9 月 8 日，中国金融期货交易所（简称中金所）在上海成立，交易所积极筹划推出期权，并深入研究开发国债、外汇期货及期权等金融衍生产品。2010 年 4 月 16 日，中金所正式推出沪深 300 股指期货合约。2013 年 9 月 6 日国债期货合约重出江湖，2015 年 2 月 9 日上证 50ETF 股票期权上市，2018 年 3 月 26 日我国首个国际化期货品种——原油期货挂牌交易，这些说明了我国衍生品市场正在不断地发展进步。

○ 本章小结

- 衍生金融工具是由金融市场中现货交易商品所衍生出来的，是为交易者转移风险的双边合约，其价格由现货市场商品价格决定。
- 基本的衍生金融工具包括远期、期货、期权和互换。
- 衍生金融工具具有风险管理功能、价格发现功能和增强市场有效性功能。
- 衍生金融工具具有跨期性、复杂性和高风险性。
- 国际衍生品市场的发展，大致经历了由商品期货、金融期货到期权和互换，交易品种不断增加、交易规模不断扩大的过程。

○ 课后习题

1. 什么是衍生金融工具？衍生金融工具有哪些基本特征？
2. 远期合约与期货合约有哪些区别？
3. 如何理解"期权和期货交易是零和游戏"？
4. 有些公司的老板这样认为：由于操作衍生品的风险太大，他们公司绝对不操作衍生品，以免增加公司风险。你如何看待他们的观点？
5. 阿兰·格林斯潘在 1988 年 5 月 19 日的国会证词中说："衍生产品市场变得如此之大，不是因为华而不实的促销活动，而是因为其为用户提供了经济价值。"如何理解这段话？衍生产品提供的经济价值表现在哪些方面？
6. "表面上看，期权和期货这些金融衍生品并不复杂，和普通的金融工具没有多大差别。但是这些貌似简单的工具却蕴含着巨大的能量。运用得好，它是金融风险管理的有力助手；运用得不好，它能使一个金融巨无霸瞬间崩溃。这是一个充满挑战的行业，你可以在一夜之间暴富，也可以在第二天晚上破产。令人惊奇的是，它的主要功能居然是规避风险。"请阐述对这段话的理解。

第 2 章
CHAPTER2

远 期 合 约

学习目标

- 掌握远期合约的基本概念，熟悉远期合约的优缺点。
- 掌握远期利率协议的相关概念，理解远期利率协议的运作及功能。
- 掌握远期利率协议结算金的计算，理解远期利率的确定。
- 了解外汇的基本知识，熟悉远期外汇的含义与种类，理解远期外汇合约的功能。
- 掌握远期汇率确定的基本原理。

2.1 远期合约概述

2.1.1 远期合约的基本概念

远期合约(forward contract)是交易双方约定在未来某一特定时间,以某一特定价格(如汇率、利率或股票价格等)买卖某一特定数量和质量资产的合约标的物的一种协议。也就是说,在合约签订之时,双方就将未来交易的时间、标的资产、价格和数量都确定下来,这种确定使得合约双方可以规避未来资产现货价格波动的风险。

下面对相关的基本概念进行解释。

(1)多头与空头。同意以约定价格在未来买入标的资产的是多头或买方(long position),同意以约定价格在未来卖出标的资产的是空头或卖方(short position)。应注意的是,合约的买方和卖方不是指买卖合约,因为合约签订时本身没有价值,买方和卖方是指其各自承担了合约标的商品的交割义务以及价格支付和获取义务。

(2)标的资产。合约双方约定买卖的资产通常称为标的资产(underlying asset),它既可以是实物资产,如农产品、石油、金属等,也可以是金融资产,如股票、外汇等。金融远期合约主要有远期利率协议、远期外汇合约和远期股票合约等,本书后两节将专门阐述远期利率协议与远期外汇合约。

(3)交割价格。合约中规定的未来买卖标的资产的价格称为交割价格(delivery price)。合约签订时选定的价格应使得远期合约的价值对交易双方都为零,此时双方不需要支付任何现金。但是,合约开始后,随着标的资产现货价格的变化,远期合约对多头和空头就会产生正的或负的价值。

(4)损益。合约双方的损益取决于标的资产的现货价格与交割价格的大小。假设用 S_T 表示合约到期时标的资产的现货价格,用 K 表示该合约的交割价格,如果到期时 $S_T > K$,则多头盈利 $S_T - K$,相应地,空头亏损 $K - S_T$。由此可见,多头和空头之间实质上是一种零和游戏(zero-sum)。

合约双方利用远期合约进行避险,实质上就是用确定性来取代标的资产的价格风险。以一份大豆的远期合约为例,大豆加工商同意在 3 个月后以 3 900 元/吨的价格买入大豆。3 个月后大豆在现货市场的价格上涨到 4 100 元/吨,但是该加工商仍然能以 3 900 元/吨的价格买入,所以有效地避免了损失。当然,如果 3 个月后大豆在现货市场的价格下跌到 3 800 元/吨，该加工商也只能以 3 900 元/吨的价格买入，失去利用价格下跌获利的可能。

2.1.2　远期市场的参与者

远期市场主要有两类参与者：最终使用者(end user)和交易商(dealer)。

所谓最终使用者，是指其未来有交易某种资产的需要，由于该资产在未来的价格有不确定性，为了降低或消除资产价格波动的风险，就会通过交易商建立远期合约来对冲风险的人。最终使用者主要是公司和非营利性组织，有些政府和中央银行也会参与到远期市场中。交易商通常是银行或非银行金融机构。当最终使用者向交易者提出建立远期合约的要求时，交易商则报出买卖价格并成为最终使用者的交易对手。买价是交易商做多头所愿意支付的价格，卖价是交易商做空头愿意收到的价格，交易商期望从买卖价差中获取盈利。

2.1.3　远期合约的优缺点

远期合约的一个特点就是非标准化合约，即每份合约都是为最终使用者量身定做的，这一特点具有两重性，既是远期合约的优点又是其缺点。一方面，合约中的交易数量、交割时间、交割价格、标的物的品质等都是交易双方协商确定的，满足双方个性化的需求，具有极大的灵活性；另一方面，由于合约的具体条款都是由交易双方协商确定的，所以远期合约千差万别，给远期合约的流通造成极大的不便，流动性较差。

远期合约的另一个特点是场外交易，即不在交易所内交易。由于没有固定集中的交易场所，不利于信息的交流与传递，因而不能形成统一的市场价格，市场效率较低。

此外，远期合约交易没有保证金制度，一方的盈利即是另一方的亏损，当价格变动对一方有利时，对方可能因无力或无诚意履约而发生违约行为。

2.2　远期利率协议

2.2.1　远期利率协议的相关概念

远期利率协议(forward rate agreement，FRA)是指买卖双方同意从未来某一个商定日期开始，按照协定利率借贷一笔数额、期限、币种确定的名义本金，只是双方在结算日时，并不实际交换本金，而是根据到期日的名义本金按协定利率和参照利率之间的差额计算（利息差）结算金，由交易的一方支付给另一方。在这个定义中涉及以下几个重要概念。

（1）名义本金。用来计算结算金额的名义上的本金，比如，各种利率衍生工具，如利率互换、远期利率协议等，需要一个名义本金计算利息，双方并不进行实际的资金借贷和转移。

（2）买方和卖方。买方是指合约中的名义借款人，卖方是名义贷款人。

（3）交易日。远期利率协议成交的日期。

（4）结算日。名义贷款开始的日期，也是由交易的一方支付给另一方结算金的日期。

（5）到期日。名义借贷款的到期日。

（6）结算金。对名义本金按照协定利率和参照利率的差额计算出的利息差，由一方付给另一方的金额。

（7）协定利率。在远期利率协议中双方商定的借贷利率。

（8）参照利率。协议中指定的某种市场利率。例如，LIBOR $^{\ominus}$（London interbank offered rate）。

2.2.2 远期利率协议的运作

远期利率协议针对的是未来某个时间开始的，借款期或贷款期内的一定数目的名义本金。远期利率协议的买方同意按名义贷款的协定利率（合同利率）支付利息，得到的是按名义贷款期限内参照利率（市场利率）计算的利息金额；远期利率协议的卖方则同意按协定利率（合同利率）收取利息，支付的利息是按名义贷款期限内实际的参照利率（市场利率）计算的利息金额。

在协议结算日，如果市场利率高于协议规定的利率，协议的卖方必须向买方支付按名义本金计算的利差；反之，如果市场利率低于协议规定的利率，买方必须向卖方支付按名义本金计算的利差。下面，我们举例来说明远期利率协议的交易过程。

⊖ LIBOR，即伦敦同业拆借利率，是指伦敦的第一流银行之间短期资金借贷的利率，是国际金融市场中大多数浮动利率的基础利率。LIBOR 常常作为商业贷款、抵押、发行债务利率的基准。LIBOR 同时也是很多合同的参考利率。

【例2-1】 A 公司准备在 3 个月后借入 100 万美元，借款期为 6 个月。公司的财务部门担心未来 3 个月的 LIBOR 利率会上升，希望通过远期利率协议来对冲利率风险。2016 年 1 月 8 日，A 公司向 X 银行买入一份"3V9"的 FRA，名义本金为 100 万美元，协定利率为 4.75%。参照利率是 3 个月后的 6 个月的 LIBOR。

"3V9"是指合约的交易日和结算日之间为 3 个月，交易日至名义贷款最终到期日之间的时间为 9 个月，则名义贷款期为 6 个月。因此，该合约的交易日为 1 月 8 日，结算日（起息日）为 4 月 8 日，到期日为 10 月 8 日，它们之间的关系如图 2-1 所示。

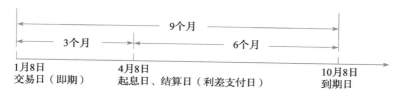

图 2-1 远期利率协议的时间关系图

在远期利率协议的买卖中，买卖双方交易的只是名义本金（计息的基础），实际上并没有任何本金的转移，双方交割的仅仅是利差部分。如上例中，3 个月后（2016 年 4 月 8 日），如果 LIBOR 大于 4.75%，X 银行将支付给 A 公司利息之差；如果 LI-BOR 低于 4.75%，A 公司将支付给 X 银行利息之差。由于在远期利率协议条件下，没有本金的流动，所以可以成为资产负债表外的金融工具。

远期利率协议的结算日通常为名义贷款或名义存款的起息日，FRA 差额的支付是在结算日，而不是到期日，因此结算日所交付的差额按参照利率折现方式计算，即：

$$结算金 = \frac{(R_r - R_k) \times A \times \dfrac{D}{B}}{1 + R_r \times \dfrac{D}{B}} \tag{2-1}$$

式中：R_r 表示参照利率，R_k 表示协定利率，A 表示合约的名义本金，D 表示合约规定存款或贷款天数，B 表示一年天数。

上例中，假定 3 个月后的 6 个月的 LIBOR 为 5.25%，名义贷款天数为 184 天（从 2016 年 4 月 8 日到 10 月 8 日），一年按 365 天计算。由于参照利率大于协定利率（5.25% > 4.75%），则 A 公司将从 X 银行收到利息差额的现值，即：

$$结算金 = \frac{(5.25\% - 4.75\%) \times 1\ 000\ 000 \times \frac{184}{365}}{1 + 5.25\% \times \frac{184}{365}} = 2\ 456.68(美元)$$

2.2.3　远期利率协议的功能

由例 2-1 可以看到，虽然未来的市场利率上升对 A 公司不利，但是 A 公司从远期利率协议中得到利息的补偿，从而使其实际负担的利息成本锁定在协定利率的水平上。因此，FRA 最重要的功能在于预先锁定将来实际交付的利率而避免了利率变动风险。

图 2-2 表明了 A 公司签订的远期利率协议，以及它希望通过这一协议规避利率风险的相关贷款。A 公司从 X 银行收到以 LIBOR 计息的利息恰好弥补了贷款需要支付的利息，因此，远期利率协议使公司将支付的贷款利率预先固定在了 4.75% 的水平上。

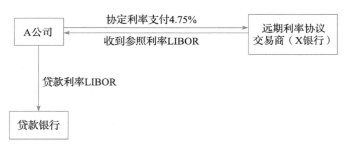

图 2-2　贷款加远期利率协议

签订 FRA 后，不管市场利率如何波动，协议双方将来收付资金的成本或收益总是固定在合同利率水平上。如果市场利率发生对自己不利的变化，则应当可以从远期利率协议中得到利息补偿；如果市场利率发生对自己有利的变化，这种变化产生的好处被向远期利率协议另一方支付的结算金所抵消。

练习与思考 ●●●● >>

一家公司准备在 3 个月后借入 1 500 万英镑，借款期为 6 个月。它想锁定其借款的利率，因此购买了一份 3V9 的远期利率协议，其名义本金金额是 1 500 万英镑，参照利率是 6 个月的 LIBOR，出售远期利率协议的银行提供的协定利率是 6.3%。3 个月后，公司可以按 LIBOR 加 50 个基点的利率水平借入资金。

假定在确定日当日实际的 6 个月 LIBOR 是 7.5%，那么签订远期利率协议最终锁定的公司借款利率为多少？

【答案】

公司按 LIBOR 加 50 个基点的借款利率	8.00%
通过远期利率协议得到的利率	（1.20%）
净借款成本锁定在	6.80%

2.2.4　远期利率的确定

在例 2-1 中我们假定协定利率是 4.75%，下面我们将讨论协定利率（远期利率）是如何确定的。

1. 每年复利一次情况下的远期利率

远期利率是指现在时刻的将来一定期限的利率。例如，"1V4" 远期利率，表示 1 个月后开始的期限为 3 个月的远期利率；"3V9" 远期利率，表示 3 个月后开始的期限为 6 个月的远期利率。

远期利率是由一系列即期利率决定的。例如，1 年的即期利率为 5%，2 年的即期利率为 5.5%，那么其隐含的 1 ~ 2 年的远期利率就约等于 6%，这是因为：

$$(1 + 5\%)(1 + 6\%) \approx (1 + 5.5\%)^2$$

因此，如果知道 n 年和 $n-1$ 年的即期利率，那么就可算出从 $n-1$ 年到 n 年的远期利率。我们用 r_{n-1} 表示 $n-1$ 年的即期利率，r_n 表示 n 年的即期利率，$r_{n-1,n}$ 表示 $n-1$ 年后的 1 年期远期利率，则：

$$(1 + r_{n-1})^{n-1}(1 + r_{n-1,n})^1 = (1 + r_n)^n \tag{2-2}$$

$$r_{n-1,n} = \frac{(1 + r_n)^n}{(1 + r_{n-1})^{n-1}} - 1 \tag{2-3}$$

2. 每年连续复利情况下的远期利率

假设数额 A 以年利率 R 投资了 n 年。如果利率按每一年计一次复利计算，则以上投资的终值为 $A(1 + R)^n$，如果每年计 m 次利息，则终值为 $A(1 + R/m)^{mn}$，当 m 趋于无穷大时，就称为连续复利（continuous compounding）。在连续复利情况下，数额 A 以利率 R 投资 n 年后，将达到 Ae^{Rn}。

假设现在时刻为 t，T 时刻到期的即期利率为 r，T^* 时刻（$T^* > T$）到期的即期利

率为 r^* ，则 t 时刻的 $(T^* - T)$ 期间的远期利率 r_F 应满足以下等式：

$$e^{r(T-t)} \times e^{r_F(T^*-T)} = e^{r^*(T^*-t)} \qquad (2\text{-}4)$$

则：

$$r_F = \frac{r^*(T^*-t) - r(T-t)}{T^* - T} \qquad (2\text{-}5)$$

3. 非连续复利情况下的远期利率

假设 FRA 的到期日为 h 天后，参照利率为 LIBOR，名义本金为 1 元，名义贷款到期日为 $h+m$，$L_{0(h+m)}$ 是期限为 $h+m$ 的即期利率，$F_{h(m)}$ 是协定利率，$L_{0(h)}$ 是期限为 h 天的即期利率，一年有 360 天。

下面构造一个交易来复制 FRA 结算期的现金流，从而确定 FRA 的协定利率。

① 借出一笔资金在 h 天后收到 1 元本利和。

② 借入一笔资金在 $h+m$ 天后支出 $1 + F_{h(m)}(m/360)$。

该组合在 h 天的价值为：

$$1 - \frac{1 + F_{h(m)}\left(\dfrac{m}{360}\right)}{1 + L_{h(m)}\left(\dfrac{m}{360}\right)} = \frac{\left[L_{h(m)} - F_{h(m)}\right]\left(\dfrac{m}{360}\right)}{1 + L_{h(m)}\left(\dfrac{m}{360}\right)} \qquad (2\text{-}6)$$

复制组合在 h 天的价值与 FRA 结算期的现金流完全一致，因此该组合的价值就等于期初 FRA 价值。

远期价格是一个远期合约当前的价格，就是今天协议合约时确定下来的交割价格，签协议时远期价格和交割价格相同，远期价值为 0。因此，该复制组合的期初价值为：

$$VFRA_0 = \left(\frac{1}{1 + L_{0(h)}\left(\dfrac{h}{360}\right)}\right) - \left(\frac{1 + F_{h(m)}\left(\dfrac{m}{360}\right)}{1 + L_{0(h+m)}\left(\dfrac{h+m}{360}\right)}\right) = 0 \qquad (2\text{-}7)$$

求解可得 FRA 的协定利率：

$$F_{h(m)} = \left(\frac{1 + L_{0(h+m)}\left(\dfrac{h+m}{360}\right)}{1 + L_{0(h)}\left(\dfrac{h}{360}\right)} - 1\right)\left(\frac{360}{m}\right) \qquad (2\text{-}8)$$

【例2-2】 假设现在为 2018 年 1 月 1 日，即期 3 月期和 9 月期 LIBOR 为 6% 和 7%，则一份"3V9"的远期利率协议的协定利率为多少？

根据式 (2-8) 可得:

$$F = \left(\frac{1 + 7\% \times \dfrac{270}{360}}{1 + 6\% \times \dfrac{90}{360}} - 1 \right) \times \frac{360}{180} = 7.39\%$$

期初时远期合约的价格为 0,但随时间推移,远期价格有可能改变。在合约执行期间,我们需要考虑合约的价值。假定合约已被执行了 g 天,考虑到我们之前的复制组合,则在 g 天时 FRA 的价值为:

$$VFRA_g = \left(\frac{1}{1 + L_{g(h-g)}\left(\dfrac{h-g}{360}\right)} \right) - \left(\frac{1 + F_{h(m)}\left(\dfrac{m}{360}\right)}{1 + L_{g(h+m-g)}\left(\dfrac{h+m-g}{360}\right)} \right) \tag{2-9}$$

【例 2-3】 假设交易双方在 2018 年 1 月 1 日以 7.5% 的协定利率签订了一份名义金额为 1 000 000 元的 "3V9" 远期利率协议。假设现在是 2018 年 2 月 1 日,2 月期和 8 月期的 LIBOR 分别为 7% 和 8%,则目前这份远期利率协议的价值是多少?

根据式 (2-9) 可得:

$$VFRA_g = \left(\frac{1\,000\,000}{1 + 7\% \times \dfrac{60}{360}} \right) - \left(\frac{1\,000\,000\left(1 + 7.5\% \times \dfrac{180}{360}\right)}{1 + 8\% \times \dfrac{240}{360}} \right)$$

$$= 15\,426.91\,(元)$$

练习与思考 ●●●● >>

远期合约价格与远期合约价值有何区别?

【答案】

在签订远期合约时,如果信息是对称的,而且合约双方对未来的预期相同,那么合约双方所选择的交割价格应使合约的价值在签署合约时等于零。

远期价格与远期价值是不同的,一般来说,价格总是围绕价值波动,但是远期价格与远期价值却相去甚远。其原因主要在于远期价格指的是远期合约中标的物的远期价格,它是和标的物的现货价格紧密相连的;而远期价值则是指远期合约本身的价值,是远期实际价格与远期理论价格的差。在合约签署时,若交割价格等于远期理论价格,则此时合约价值为零。随着时间推移,远期理论价格有可能改变,而交割价格则不可能改变,因此此合约的价值就可能不再为零。

2.3　远期外汇合约

2.3.1　关于外汇的基本知识

1. 外汇

外汇(foreign exchange)是指以外国货币表示的可用于国家之间结算的支付手段，包括信用票据、支付凭证、有价证券及外汇现钞等。目前外汇市场上主要交易的货币有：美元(USD)、欧元(EUR)、加拿大元(CAD)、澳元(AUD)、日元(JPY)、英镑(GBP)、瑞士法郎(CHF)、人民币(CNY)等。

2. 外汇市场

外汇市场是指从事外汇买卖的交易场所，或者说是各种不同货币相互之间进行交换的场所。它可以是有形的，如外汇交易所，也可以是无形的，如通过电信系统交易的银行间外汇交易。外汇市场的参与者包括各国的中央银行、商业银行、非银行金融机构、经纪人公司、自营商及大型跨国企业等。目前，世界上有30多个主要的外汇市场，其中，最重要的有欧洲的伦敦、法兰克福、苏黎世和巴黎，美洲的纽约和洛杉矶，澳大利亚的悉尼，亚洲的东京、新加坡和中国香港等。

3. 外汇汇率

外汇汇率(foreign exchange rate)是一国货币同另一国货币兑换的比率。如果把外国货币当作商品的话，是以一种货币表示另一种货币的价格，因此也称为汇价。例如，GBP/USD = 1.428 7，表示1英镑可以兑换1.428 7美元。

外汇汇率有两种标价方法：

(1)直接标价法(direct quotation)又称价格标价法，是指以一定单位(1个单位或100个单位)的外国货币为标准，来计算折合多少单位的该国货币。也就是说，购买一定单位外币应付多少本币，所以叫应付标价法。包括中国在内的世界上绝大多数国家都采用直接标价法。在直接标价法下，若一定单位的外币折合的本币数额多于前期，则说明外币币值上升或本币币值下跌，叫作外汇汇率上升；反之，如果用比原来较少的本币即能兑换到同一数额的外币，这说明外币币值下跌或本币币值上升，叫作外汇汇率下跌。

（2）间接标价法（indirect quotation）又称应收标价法。它是以一定单位（1 个单位或 100 个单位）的该国货币为标准，来计算应收若干单位的外国货币。在国际外汇市场上，欧元、英镑、澳元等均为间接标价法。在间接标价法中，本国货币的数额保持不变，外国货币的数额随着本国货币币值的变化而变化。如果一定数额的本币能兑换的外币数额比前期少，这表明外币币值上升，本币币值下降，叫作外汇汇率上升；反之，如果一定数额的本币能兑换的外币数额比前期多，则说明外币币值下降，本币币值上升，叫作外汇汇率下降。

直接标价法和间接标价法所表示的汇率涨跌的含义正好相反，所以在引用某种货币的汇率和说明其汇率涨跌时，必须明确采用的是哪种标价方法，以免混淆。

4. 外汇汇率的种类

按照不同的标准，汇率可以分为不同的类型。

（1）从制定汇率的角度来划分。

① 基本汇率。

基本汇率（basic rate）是指选择一种国际经济交易中最常使用、在外汇储备中所占的比重最大的可自由兑换的关键货币作为主要对象，与该国货币对比，定出的汇率就是基本汇率。关键货币一般是指一个世界货币，被广泛用于计价、结算、储备，可自由兑换，国际上普遍接受。美元通常被作为关键货币。

② 套算汇率。

通过基本汇率套算本币对其他外国货币的汇率就是套算汇率（goss rate）。例如，某年 2 月 15 日中国人民银行公布基准汇率 USD/RMB = 6. 239 9，而国际市场上 USD/CAD = 1. 246 4，这样可以套算出 CAD/RMB = 5. 006 3，表示 1 加元可以兑换 5. 006 3 元人民币。

（2）从汇率制度角度划分。

① 固定汇率。

固定汇率（fixed rate）是指一国货币同另一国货币的汇率基本固定，汇率波动幅度很小。第二次世界大战后到 20 世纪 70 年代初的布雷顿森林货币制度下，国际货币基金组织成员国的货币规定含金量和对美元的汇率，所以汇率波动幅度很小。

② 浮动汇率。

浮动汇率（floating rate）是指一国货币同他国货币的兑换比率没有上下限波动幅

度，而由外汇市场的供求关系自行决定。就浮动形式而言，如果政府对汇率波动不加干预，完全听任供求关系决定汇率，称为自由浮动。但是，各国政府为了维持汇率的稳定，或出于某种政治及经济目的，要使汇率上升或下降，都或多或少地对汇率的波动采取干预措施，这种浮动汇率在国际上通常称为管理浮动。

（3）从银行买卖外汇的角度划分。

① 买入汇率。

买入汇率(buying rate)是银行向客户买进外汇时使用的价格。在直接标价法下，它表示银行买入一定数额的外汇需要付出多少该国货币。例如，某年 2 月 15 日 USD/RMB 的买入汇率是 6.219 3，银行买入 1 美元外汇，付给客户 6.219 3 元人民币。

② 卖出汇率。

卖出汇率(selling rate)是指银行向客户卖出外汇时所使用的汇率。在直接标价法下，它表示银行卖出一定数额的外汇需要收回多少该国货币。如某年 2 月 15 日 USD/RMB 的卖出汇率是 6.256 7，银行卖出 1 美元外汇，向客户收取 6.256 7 元人民币。买卖价之间的差额是银行的手续费收益。

③ 中间汇率。

它是买入汇率与卖出汇率的平均数，报刊报道汇率消息时常用中间汇率。

练习与思考 ●●●● >>

请用下列汇率回答问题：

	买入汇率	卖出汇率
英镑对欧元	1.644 5	1.657 5
英镑对港币	10.428 7	10.789 5

请问：

1. 一家英国公司如果向中国香港的供货商支付 30 万港币的款项，它要花多少钱购买港币？

2. 一家英国公司从客户处收到 8 万欧元的付款并把它换成了英镑，该收入按英镑计算是多少？

【答案】

1. 需花费约 28 767（≈300 000/10.428 7）英镑。

2. 收入约为 48 265（≈80 000/1.657 5）英镑。

2.3.2　远期外汇合约的含义与种类

1. 远期外汇合约的含义

远期外汇合约(foreign exchange forward contract)是指交易双方约定在将来某一时间按约定的远期汇率买卖一定金额的某种外汇的合约。到了交割日期，由交易双方按预定的汇率、金额进行交割。

这个含义涉及一个重要的概念就是远期汇率，远期汇率是相对于即期汇率而言的。所以，我们首先来了解即期汇率。

即期汇率(spot rate)是指即期外汇买卖的汇率，即外汇买卖成交后，买卖双方在当天或在两个营业日内进行交割所使用的汇率。即期汇率就是现汇汇率。即期汇率是由当期交货时货币的供求关系情况决定的。一般在外汇市场上挂牌的汇率，除特别标明远期汇率以外，一般指即期汇率。

远期汇率(forward rate)，它是在未来一定时期进行交割，而事先由买卖双方签订合同，达成协议的汇率。远期汇率的标价方法有两种：一种是直接标出远期汇率的实际价格；另一种是互换率报价法，以远期外汇汇率与即期外汇汇率的差额，即升水(premium)或贴水(discount)的点数表示。升水表示远期汇率高于即期汇率，贴水表示远期汇率低于即期汇率。如果远期汇率与即期汇率相等，则没有升水和贴水，称作平价(par)。在直接标价法下，升水代表本币贬值，贴水表示本币升值；间接标价法下，情况相反。

例如，某日我国香港外汇市场外汇报价如下。

即期汇率：USD/HKD 7.780 0 ~ 7.800 0(直接报价法)

1 月后 USD/HKD 的远期汇率：30 ~ 50(小数 ~ 大数)

3 月后 USD/HKD 的远期汇率：45 ~ 20(大数 ~ 小数)

互换率报价法与前一种报价法不同，银行首先报出即期汇率，在即期汇率的基础上再报出点数(即互换率)，客户把点数加到即期汇率或从即期汇率中减掉点数而得到远期汇率。

在互换率报价法下，银行给出点数后，客户计算远期汇率的关键在于判断把点数加到即期汇率中还是从即期汇率中减掉点数，其判断原则是使远期外汇的买卖差价大于即期外汇的买卖差价。因为作为银行来说，从事外汇交易的利润来源主要就是买入卖出外汇之间的差价，在远期外汇业务中银行所承担的风险要比从事即期外汇业务的风险大，因而也要求有较高的收益，表现在外汇价格上就是远期外汇的买卖差价要大一些。如上例：

1 月后 USD/HKD 的远期汇率：7.783 0～7.805 0

3 月后 USD/HKD 的远期汇率：7.775 5～7.798 0

2. 远期外汇合约的种类

（1）按照远期外汇的交易方式，远期外汇合约可以分为固定交割日的远期外汇交易和选择交割日的远期外汇交易。

固定交割日的远期外汇交易是指交易双方约定在未来某个确定的日期按事先约定的汇率进行货币收付，但是在现实中，外汇买卖双方往往不能事先确知收入和支出的准确时间，因此固定交割日的远期外汇合约在实际运用中缺乏足够的灵活性和机动性。

选择交割日的远期外汇交易，交易的一方可以要求另一方在成交日的第三天起至约定的期限内的任何一个营业日按事先约定的汇率进行货币收付。它弥补了固定交割日远期交易的不足。

（2）按照远期的开始时期，远期外汇合约可以分为直接远期外汇合约和远期外汇综合协议。

直接远期外汇合约的远期期限是直接从现在开始起算，而远期外汇综合协议的远期期限是从未来的某个时点开始起算，也可以说是远期的远期外汇合约。比如"1V4"远期外汇综合协议就是指从起算日后一个月开始计算的为期 3 个月的远期外汇合约。

2.3.3　远期外汇合约的功能

远期外汇合约可以用来规避未来汇率变动风险，是企业和金融机构进行风险管理的重要工具。例如，一家美国公司向一家英国公司出口一批货物，根据销售合同，英国公司需要在 3 个月后，向美国公司支付 200 万英镑的货款。目前，英镑和美元之间的即期汇率是 GBP/USD = 1.501 5，如果合同要求英国公司立即付款，美国公司将收到 300.3（=200×1.501 5）万美元，假设美国公司这笔出口贸易的总成本是 270 万美元，则其利润率约为 10%。然而合同约定的付款期是 3 个月后，如果英镑兑美元的汇率在 3 个月后下跌了，即 GBP/USD = 1.460 5，则美国公司出售 200 万英镑只能得到 292.1（=200×1.460 5）万美元，其利润率会下降到 7.57%。因此，付款时的汇率对公司的盈利能力有很大影响。

为了规避汇率变动风险，美国公司可以找到其开户银行，与之签署一张期限为 3 个月的远期外汇合约，协定的远期汇率为 GBP/USD = 1.498 6，3 个月后，该公司会按协定汇率从银行兑换回 299.72（ = 200 × 1.498 6）万美元，这笔收入将被锁定，不会随着汇率变动而变动，如图 2-3 所示。

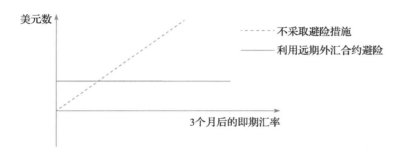

图 2-3　避险措施对所得美元的影响

2.3.4　远期汇率的确定

汇率决定理论（exchange rate determination theory）主要分析汇率由什么因素决定和影响，它是一国货币当局制定汇率政策的理论依据。汇率决定理论主要有购买力平价理论、利率平价理论、国际收支理论、资产市场理论等。这里主要介绍购买力平价理论和利率平价理论对远期汇率的影响。

1. 购买力平价理论

购买力平价理论（theory of purchasing power of parity，PPP 理论）是由瑞典经济学家卡塞尔提出的，其于 1922 年在其代表作《1914 年以后的货币与外汇理论》中进行了系统阐述。该理论是汇率决定理论中最有影响的理论之一。

购买力平价理论基于无套利假设思想：①市场完全竞争，商品是同质的；②商品价格具有完全弹性，市场要素的变化均能及时反映到商品价格的变化上；③不考虑运输成本、保险及关税等交易成本。在这些前提假定下，由于国际商品套利行为的存在，"一价定律"（law of one price）成立。即同样的商品在不同的国家，销售价格应该是一样的。比如，如果没有贸易壁垒、没有关税或其他"费用"，一盎司[⊖]黄金在

　　⊖　1 盎司 = 0.000 029 3 立方米。

苏黎世的价格和在纽约的价格相同。

现在举例来说明。设中国某商品的价格为 p_i，而美国该商品的价格为 p_i^*，e 为两国货币的汇率，那么，一价定律意义在于：

$$e = \frac{p_i}{p_i^*}$$

假设 1 美元兑换 6 元人民币，且人们可以在没有运输费用和官方贸易壁垒的自由竞争的市场上买卖商品，如果中国的通货膨胀率上涨 2%，也就是说人民币相对美元贬值 2%，则新的均衡汇率为 1 美元 = 6.12 元人民币。发生这种变化的原因是国际贸易伙伴的行为。在中国，通货膨胀率的高涨使得商品的价格升高，打算在中国买商品的人少了，更愿意到美国买，因为会更便宜一些，这样中国出口商品减少，而美国出口商品增加，这就造成中国对美国产生贸易逆差。国际贸易的减少意味着美国人对人民币需求减少，因为他们不会在中国购买像以前那么多的东西，这种减少的需求导致货币价格跌到一个新的平衡点，也使得美国人再次产生跨界到中国购买商品的动机。

购买力平价理论的优点在于它对汇率决定这样复杂的问题给出了最为简洁的描述，符合逻辑，而且易于理解，它开辟了从货币数量角度对汇率进行分析的先河。

购买力平价理论的主要不足在于它以一价定律的成立为前提条件。但在国际商品交换中，存在着运输成本、关税、搜寻成本，以及商品不完全流通、产业结构变动、技术进步、政府干预、价格垄断等因素。购买力平价理论忽视了影响汇率变动的其他因素，如贸易管制、外汇管制、国民收入、劳动生产率、利率水平、政治经济形势变动等，因而不能解释短期实际汇率的变动趋势。

2. 利率平价理论

19 世纪 90 年代，研究远期外汇理论的德国经济学家沃尔塞·洛茨提出了利差与远期汇率的关系问题。20 世纪初期，凯恩斯第一个建立了古典利率平价模型。继凯恩斯之后，英国经济学家保罗·艾因齐格把外汇理论和货币理论相结合，开辟了现代利率平价理论。

利率平价理论认为，汇率的本质是两国货币的相对价格，假定资本完全自由流动且不存在任何交易成本的情况下，两国货币之间的汇率由金融资产市场上两国货币资产的收益来决定。理性的投资者将比较本国或外国资产的投资收益率，据此制定投资策略，并产生对外币和本币的相对供求，进而决定两国汇率。当本国利率低于外国时，投资者为获得较高收益，会将其资本从本国转移到外国，以进行套利活动，获取利息差额。下面举例说明。

【例 2-4】　一个美国人拥有 100 000 美元，假设美国市场利率为 5%，英国市场利率为 10%，英镑兑美元即期汇率为 GBP/USD = 2.00，假设 12 个月后英镑兑美元的远期汇率仍为 GBP/USD = 2.00，那么他会如何操作进行套利？

如果该投资者在美国存款（存美元），则本利和为：

$$100\ 000 \times (1 + 5\%) = 105\ 000(美元)$$

如果该投资者在英国存款（存英镑），则本利和为：

$$100\ 000/2.00 \times (1 + 10\%) = 55\ 000(英镑)$$

兑换成美元：

$$55\ 000 \times 2 = 110\ 000(美元)$$

相对于在美国存款，该投资者获得利息差：

$$110\ 000 - 105\ 000 = 5\ 000(美元)$$

由此可见，该投资者为获得较高收益，会将其资本从美国转移到英国，在英国存款，最终会获得 5 000 美元的利息差额。由于有利可图，大量的投资者都会这样操作进行套利，结果则导致美国货币供应量减少，美元在未来升值；英镑的货币供应量增加，英镑在未来会贬值。投资者将到期的本利和再兑换为美元，则会发生汇兑损失，存款获得的利息差额与汇兑损失相互抵消，套利行为就会终止。

由上例可见，如果两国货币的投资收益存在差异，就会形成资本在国家间流动，直到通过汇率的调整，两国的投资收益相等，国际资本移动才会终止。利率平价理论认为：远期汇率是使两国货币投资收益相等，无套利机会的汇率。

利率平价的推导过程是：假定本国年利率水平为 r_d，外国同期利率水平为 r_f，S 为即期汇率，F 为一年期远期汇率，且 S、F 皆为直接标价法下的汇率（即 1 单位外币等于多少本币），投资者使用 1 单位本国货币在本国投资，到期可收入 $(1 + r)$；若在国外投资，首先需将 1 单位本币兑换成外币 $1/S$，投资到期将收回 $(1 + r_f)/S$，这一投资的本利和为外币单位，按原来约定的远期汇率可兑换回本币 $(1 + r_f)F/S$。令两国货币的投资收益趋于相等，可推导出下列利率平价方程：

$$(1 + r_d) = (1 + r_f)F/S$$

$$F = S \times \frac{1 + r_d}{1 + r_f} \tag{2-10}$$

回到例 2-4，我们利用利率平价公式可得到远期汇率为：

$$F = S \times \frac{1 + r_d}{1 + r_f} = 2 \times \frac{1 + 5\%}{1 + 10\%} \approx 1.909\ 1$$

我们可以来验证一下，如果投资者在英国存款得到的本利和为 5 500 英镑，按照远期汇率 GBP/USD = 1.909 1，则可兑换 105 000 美元，与投资者在本国投资获得的本利和相等，无套利机会。

利率平价理论的重要推论是：同即期汇率相比，利率低的国家的货币在远期会升值，而利率高的国家的货币在远期会贬值。本国利率高于（低于）外国利率的差额等于本国货币的远期升水率（贴水率）。[⊖]

$$\frac{F - S}{S} \approx i_d - i_f \tag{2-11}$$

利率平价理论的优点是从资金流动的角度揭示了汇率与利率之间的密切关系以及汇率的市场形成机制，为各国对汇率的调节和干预提供了重要的依据，各国管理当局往往通过适当调节国内利率水平来稳定外汇市场的汇率。

但是利率平价理论要求国际资本可以自由流动，且无交易成本，这在现实中很难实现，现实经济中许多国家实施较为严格的外汇管制，一些国家货币在资本项目下是不可自由兑换的。同时汇率的决定也是一个复杂的过程，利率变动只是其中一个重要的影响因素。

○ 本章小结

- 远期合约是交易双方约定在未来某一特定时间，以某一特定价格（如汇率、利率或股票价格等）买卖某一特定数量和质量资产的合约标的物的一种协议。
- 远期市场主要有两类参与者：最终使用者和交易商。
- 远期合约的一个特点就是非标准化合约，另一个特点是场外交易。
- 远期利率协议的买方同意按名义贷款的协定利率（合同利率）支付利息，得到的是按名义贷款期限内参照利率（市场利率）计算的利息金额；远期利率协议的卖方则同意按协定利率（合同利率）收取利息，支付的利息是按名义贷款期限内实际的参照利率（市场利率）计算的利息金额。

⊖ 远期升水是指一种货币的远期汇率高于即期汇率，在直接标价法下表现为远期汇率的具体数值大于即期汇率的具体数值；远期贴水反之。

- 在协议结算日，如果市场利率高于协议规定的利率，协议的卖方必须向买方支付按名义本金计算的利差。反之，如果市场利率低于协议规定的利率，买方必须向卖方支付按名义本金计算的利差。

- 远期利率协议最重要的功能在于预先锁定将来实际交付的利率而避免了利率变动风险。

- 远期外汇合约是指交易双方约定在将来某一时间按约定的远期汇率买卖一定金额的某种外汇的合约。到了交割日期，由交易双方按预定的汇率、金额进行交割。

- 远期外汇合约可以用来规避未来汇率变动风险，是企业和金融机构进行风险管理的重要工具。

- 购买力平价理论的优点在于它对汇率决定这样复杂的问题给出了最为简洁的描述，符合逻辑，而且易于理解，其不足之处在于它以一价定律的成立为前提条件。

- 利率平价理论的优点是从资金流动的角度揭示了汇率与利率之间的密切关系以及汇率的市场形成机制，但是利率平价理论要求国际资本可以自由流动，且无交易成本，这在现实中很难实现。

○ 课后习题

1. 一个"4V7"的 FRA 含义是什么？

2. 远期利率协议的买方和卖方分别是谁？它们主要规避什么风险？

3. 远期利率协议是如何运作的？

4. 远期利率协议的结算金如何计算？结算金为负是什么含义？

5. 远期利率协议最终能实现什么功能？

6. 什么是远期利率？如何确定远期利率？

7. 利率平价理论确定远期汇率的基本思想是什么？

8. 某公司买入一份远期外汇合约，约定在 90 天后以 GBP/USD = 1.5 的汇率交换 80 万英镑。该合约的交割方式为现金结算。90 天后，现货市场的汇率为 GBP/USD = 1.61，则该公司的损益情况如何？

9. 假设 A 公司在 6 个月之后需要一笔金额为 1 000 万美元的资金，为期 3 个月，其财务经理预测届时利率将上涨，为锁定其资金成本，该公司与某银行签订了一份协定利率为 5.9%、名义本金为 1 000 万美元的"6V9"远期利率协议。

   假设 6 个月后，市场利率果然上涨，3 个月期的市场利率上涨为 6%。一个月按 30

天计算。

（1）协议到期时应交割的结算金为多少？A 公司与银行谁来支付结算金？

（2）签订远期利率协议后，A 公司的实际筹资成本为多少？

10. 假设 2 年期的即期年利率为 10.5%（连续复利，下同），3 年期即期年利率为 11%，则本金为 100 万美元的"2V3"的远期利率协议的合同利率为多少？

11. 某交易者买入一份远期利率协议，该协议以 90 天期 LIBOR 为参考利率，30 天后到期，名义本金为 20 000 000 美元，30 天、120 天的即期利率分别为 11% 和 10.32%，则理论上该合约的协定利率为多少？

12. 目前的现货汇率为 1 欧元兑 0.895 0 美元，一家美国银行的一年美元存款利率为 3.5%，一家欧洲银行的一年欧元存款利率为 2.75%。依据利率平价理论计算一年后欧元兑美元的远期汇率。

第 3 章
CHAPTER3

期货市场的运作机制

⚓ 学习目标

- 掌握期货合约的基本概念，熟悉期货合约在合约规模、交割时间、交割地点、最小变动价位及每日价格波动幅度等方面的规定。

- 熟悉期货市场的组织结构，掌握期货交易所、期货清算所的功能。

- 了解期货市场的管理体系。

- 理解期货交易流程以及期货交易风险管理制度。

3.1 期货合约的内容

期货合约(futures contract)是指交易双方约定在未来某一特定时间，按约定条件（包括价格、交割地点、交割方式等）买卖一定标准数量和质量资产的合约标的物的一种标准化协议。与普通的远期合约相比，期货合约在合约规模、交割时间、交割地点等方面都有明确的规定，无须交易双方再进行协商，这样有助于提高市场流动性，降低寻找成本。下面对期货合约的具体条款做详细阐述。

3.1.1 期货交易品种

期货交易品种是指期货上市品种，是指期货合约双方约定在到期时买卖的商品。根据交易品种，期货交易可分为两大类：商品期货和金融期货。以实物商品，如玉米、小麦、铜、铝等作为期货品种的属于商品期货；以金融产品，如汇率、利率、股票指数等作为期货品种的属于金融期货。金融期货品种一般不存在质量问题，交割也大都采用差价结算的现金交割方式。

关于期货商品上市应具备的条件，迄今没有形成统一的明确法规。根据以往的经验，期货合约的上市品种具有以下特点：

（1）价格波动大。只有商品的价格波动大，意图回避价格风险的交易者才需要利用远期价格先把价格确定下来。如果商品价格基本不变，比如商品实行的是垄断价格或计划价格，商品经营者就没有必要利用期货交易固定价格或锁定成本。例如，2013年9月25日，中国证监会批准大连商品交易所上市鸡蛋期货合约。这是因为鸡蛋生产具有明显的季节性和周期性特点。在一年之中，由于9月份前后玉米等饲料原料青黄不接、学校开学以及节日备货等因素影响，鸡蛋价格往往容易形成全年的高点，冬季来临，蛋鸡禽流感等疫病发病的概率增加，价格的波动增大。从中长期来看，中国鸡蛋价格呈现明显周期性特点，大约3年一个周期：2年上涨，1年调整。这些短期和中长期价格波动因素，给养鸡场和鸡蛋批发商的利润带来较大的波动。因此上市鸡蛋期货，为企业提供了规避价格波动风险的工具。

（2）市场供需量大。通常，期货交易品种的生产量、消费量和交易量都非常大。因为期货市场功能的发挥是以商品供需双方广泛参加交易为前提的，只有现货供需量大的商品才能在大范围进行充分竞争，形成均衡价格。

（3）易于分级和标准化。期货交易商品的品质等级可以划分和评价，其能被公众认可或者符合某种标准规定。同时规定不符合交割品标准的同类商品也可以用来交割，但根据其在品质上与标准交割品的不同在交割价格上加升贴水。所谓升水，就是交易品种比标准品质更加优良，因而需要增加卖价，而贴水则正好相反。以大连商品交易所的黄大豆 1 号期货合约为例（见表 3-1、表 3-2）。

表 3-1　黄大豆 1 号期货合约交割标准品品质技术要求

完整粒率（%）	种皮	损伤粒率（%）		杂质含量（%）	水分含量（%）	色泽、气味
		合计	其中：热损粒			
≥85.0	黄色、浅黄色、混有异色粒限度为 5.0%	≤3.0	≤0.5	≤1.0	≤13.0	正常

表 3-2　黄大豆 1 号期货合约质量差异升扣价

项目	完整粒率			损伤粒率			水分含量	杂质含量
				合格	其中：热损粒			
质量标准（%）	≥85.0			≤3.0	≤0.5		≤13.0	≤1.0
允许范围（%）	≥95.0	≥90.0 且 <95.0	≥80.0 且 <85.0	≥75.0 且 <80.0	≤5.0	≤8.0	≤3.0	11、1、3 <15.0 5、7、9 ≤13.5	<2.0
质量差异（%） 高 +；低 −	—			—			−1.0　　+1.0	−0.5　　+0.5
升扣价（元/吨）	30	10	0	−30	0	−30	0	+20　　−55	+10　　−30
备注	—			—			1. 升水升至水分量 12.0% 2. 低于或高于标准不足 1.0%，不计算升扣价	低于或高于标准不足 0.5%，不计算升扣价

（4）易于储存、运输。商品期货一般都是远期交割的商品，这就要求这些商品易于储存、不易变质、便于运输，保证期货实物交割的顺利进行。

3.1.2　交易单位

交易单位也叫合约规模，是指交易所对每一份期货合约所规定的交易数量。在进行期货交易时，人们只需要买进或卖出这一标准数量的某一整数倍，即买进或卖

出 ×× 份这样的期货合约，简化了期货交易的计算。不同标的商品的期货合约交易单位可能是不同的，比如上海期货交易所铜期货合约的交易单位为 5 吨/手，大连商品交易所规定一份铁矿石期货合约的交易单位是 100 吨/手；不同交易所的相同标的商品的期货合约交易单位也可能是不同的，比如大连商品交易所规定一份黄大豆期货合约的交易单位是 10 吨/手，而 CBOT 则规定黄大豆期货合约的交易单位是 5 000 蒲式耳/手（每蒲式耳约为 27.24 千克）。一份合约规模的设计要考虑到交易费用和市场流动性。合约规模过高，交易费用（一般按手计算）相应会减少，但是能够参与交易的投资者也减少了，从而市场的活跃程度就降低了。

3.1.3 交割时间与交割地点

期货合约明确规定了实物交割的月份，比如大连商品交易所黄大豆 1 号期货合约的交割月份是 1 月、3 月、5 月、7 月、9 月、11 月，鲜鸡蛋的交割月份是除了 7 月、8 月以外的所有月份，上海期货交易所铜期货是每个月都有交割。

通常，当月到期的期货合约会在交割月份的前几日终止交易，即交易所规定了一个最后交易日，在期货交易中，绝大多数合约都是通过对冲交易结清的，如果持仓者在最后交易日对其持有的合约仍没有平仓，那么就必须通过交割实物或结算现金来结清。以大连商品交易所的黄大豆 1 号期货合约为例，最后交易日为交割月份的第 10 个交易日，交割日是最后交易日后第 3 个交易日（遇法定假期顺延）。

金融期货的交割可以通过电信网络进行，交割品的价值不会因交割地点不同而不同，因此交割地点对金融期货并不适用。但是对于商品期货而言，运输成本使得交割地点成为一个重要条款，基本所有的商品期货合约都对交割地点有明确的规定。一般都是交易所指定的交割仓库，卖方可以将货物运到指定仓库，经过验收后取得代表仓储货物所有权的仓单，仓单即可以作为实物交割的凭证。

3.1.4 最小变动价位及每日价格波动限制

为了便于交易，交易所对每一种期货合约都规定了最小的价格波动值，期货交易中买卖双方每次报价时价格的变动必须是这个最小变动价位的整数倍。例如，大连商品交易所玉米期货合约的最小变动价位是 1 元/吨，每份玉米期货合约的交易单位是 10 吨，则玉米期货合约的最小变动值为 10 元/份。

为了防止过度投机或缓解突发事件对市场造成的冲击，交易所通常规定了期货合约价格波动的最大幅度。我国的期货交易所一般采用涨跌停板制度，即交易日期货合约的成交价格不能高于或低于该合约上一个交易日结算价的一定幅度，达到该幅度则暂停该合约的交易。不同交易所的不同合约的涨跌幅是不一样的。另外，在某些特殊情况下，交易所可以调整涨跌幅来应对市场的异常反应。

练习与思考 ●●●● >>

1999 年 9 月，天气期货合约应运而生。该期货的收益情况随着温度的不同而变化。请问该合约对哪些交易者规避风险是有用的，并举例说明如何对冲风险。

【答案】

天气期货对于农民、电力能源公司和保险公司对冲风险是非常有用的。

以保险公司为例，天气恶劣时，发生意外事故和巨灾的理赔会更多，因此天气期货可以让保险公司少受损失。

农民的庄稼产量与天气紧密联系，如果他做了天气期货的空头，天气恶劣时，庄稼收成不好，可以从天气期货上得到部分补偿。

天气寒冷时，随着供暖开始，所有能源公司需要购买更多的燃料，现货市场的燃料价格开始上升，能源公司的成本也会日益升高。如果能源公司事前做了天气期货的空头，就可以用期货空头的利润对冲现货市场的成本。

3.2　期货市场的组织与管理

3.2.1　期货市场的组织结构

现代期货市场是一个体系完整、层次分明、高度组织化和规范化的市场，一般而言，期货市场的组织结构多数是以交易所、清算所为载体，交易者为主体，期货公司为中介的完整体系。

1. 期货交易所

期货交易所是专门进行期货合约买卖的场所，是期货市场的核心，一般按会员方式组建，实行会员制，其财产来源于初始投资及会员会费、席位费及交易手续费。期货交易所自身不参与期货交易活动，不干涉交易价格的形成，也不拥有期货合约标的产品，只是为期货交易提供设施和服务。目前，全球共有 50 多家期货交易所，我国现有 4 家。

交易所的最高权力机构是会员大会，下设董事会或理事会，董事会聘任交易所总裁负责日常行政和管理工作；理事会是会员大会的常设机构和执行机构，是交易所决策权的具体承担者，按照相关法规和交易所章程的规定行使决策权；监事会是交易所的内部监督机构，行使监督权，防范运营风险，促进交易所规范运作、健康发展。

期货交易所的主要职能是：①为期货交易提供场地、设施和服务；②制定标准化的期货合约；③制定并监督执行交易规则，保证交易公正、公开、公平；④组织和监督期货交易、结算与交割，保证期货合约的履行；⑤负责收集和发布交易信息；⑥设立仲裁机构，解决交易纠纷。

2. 期货清算所

期货清算所也称结算所，是负责期货合约对冲、结算和交割的机构。它的存在形式有两种：一是包含在期货交易所内，作为交易所下设的一个职能部门，例如美国芝加哥期货交易所的结算所、大连商品交易所的清算部；二是分离于期货交易所之外的独立的法人机构，例如，在英国，期货交易是通过国际商品结算所结算的。

清算所的主要职能是：①对交易信息进行核算，将盈亏记录记载到结算所会员账户上。②担保期货合约的履行，在期货交易中，买卖双方不直接接触，也无须了解对方的资信，清算所充当期货交易买卖双方的代理人，对期货合约的买家来说它代表卖家，而对期货合约的卖家来说它代表买家，并有义务担保每笔合约的履行。③负责安排、监督实物交割。在商品期货交易中，约有 3% 的期货合约是进行实物交割的，在实物交割过程中，清算所负责办理有关手续，并依照交易规则进行监管。

我国大连商品交易所的清算部负责期货交易的统一结算、保证金管理、风险准备金管理及结算风险的防范，具体而言：①编制会员的结算账表；②办理资金往来汇划业务；③统计、登记和报告交易结算情况；④处理会员交易中的账款纠纷；⑤办理交割结算业务；⑥控制结算风险，保证期货合约的履行；⑦按规定管理保证金、风险准备金。

练习与思考 ●●●●●

一个合乎情理的问题是，"如果有人没有按照承诺付款或者个别交易商无法交付货物，会怎么样？"如何解释该问题？

【答案】

如果交易者不履行他的承诺就可以停止交易，那么期货交易所很快就会灭亡，人们会对这个体系丧失信心。无论对套期保值者还是投机者来说，它都不再有吸引力。清算所的任务就是排除这种不确定性。

每个交易所都有清算所来履行一项关键的职能：确保期货合约的完整性。虽然交易场地的交易发生在两个特定的个体之间，但实际上交易变成了卖给清算所或由清算所购买。本质上讲，清算所变成了每笔交易的一方。当某个会员陷入危机时，清算所就承担其头寸的责任。如果不是这样的话，就会毁掉交易系统的完整性，会员们就会倾向于同那些财力雄厚的会员进行交易。这种情形下，交易价格很可能会变得缺乏竞争性。

3. 期货交易参与者

期货交易参与者是指参加期货交易的成员，既可以是公司，也可以是个人，但能够进场直接交易的只能是会员和场内经纪人。前者拥有自己的交易席位，可以为自己的利益进行交易；后者则是接受客户委托，代理客户交易或者经过允许从事双重交易。其他不能进场交易的客户，只能委托经纪人进行间接交易。

参与者按其参加期货交易的目的不同，可以分为套期保值者、投机者和套利者三类。

（1）套期保值者。

套期保值者（hedger）是指在现货市场中，已经持有现货或者将来要持有现货的个人和公司。为了规避他们在现货市场的头寸可能面临的价格风险，通过在期货市场建立与现货交易相反的交易头寸（trading position），并在到期前进行对冲以达到规避价格变动风险的目的。套期保值者的特点是交易量大，合约持有时间较长，一般只进行一次性平仓或实物交割，不像投机者那样频繁转手。

（2）投机者。

投机者（speculator）通常是指采用各种技术方法预测未来期货价格变动趋势，并以低买高卖的手段赚取买卖差价的市场参与者。投机者与套期保值者的根本区别在于两者参与交易的动机不同，投机者没有商品需要保值，而是通过承担价格变动风险获取收益；套期保值者追求的不是获得最大收益，而是规避价格变动风险，以期货市场上的盈利或亏损来对冲现货市场的亏损或盈利，以此来锁定预期利润或成本。投机者交易的特点是交易量较小，在期货市场中的位置经常变换，期货合约持仓时间较短，合约转手率较高。

（3）套利者。

套利者（arbitrageur）是指那些利用市场上暂时出现的不合理的价格关系，通过同时买进和卖出相同或相近的期货合约赚取价差收益的交易者。广义而言，套利者也属于投机者，但是套利者是利用市场定价的低效率赚取无风险利润，相比投机者承担的风险小。套利者与投机者的区别在于：①投机者在交易时只是单向买入或卖出，要么是多头，要么是空头；而套利者则同时买入和卖出，既是多头又是空头。②投机者是利用单一期货合约价格波动获取利润，而套利者是利用两个不同的期货合约彼此之间的相对价格差异获取利润，也就是投机者只注意绝对价格波动，而套利者只重视相对价格波动。

4. 期货公司

期货公司是指依法设立的，接受客户委托，按照客户的指令，以自己的名义为客户进行期货交易并收取交易手续费的中介组织，其交易结果由客户承担。期货公司是交易者与期货交易所之间的桥梁。期货交易者是期货市场的主体，正是因为期货交易者具有套期保值或投机盈利的需求，才促进了期货市场的产生和发展。尽管每一个交易者都希望直接进入期货市场进行交易，但是期货交易的高风险性，决定了期货交易所必须制定严格的会员交易制度，非会员不得入场交易，于是就发生了严格的会员交易制度与吸引更多交易者、扩大市场规模之间的矛盾。

3.2.2　期货市场的管理体系

1. 政府监管

有期货交易的国家一般都设有对期货交易管理的政府行政机构。以美国为例，1974 年由美国国会成立的美国商品期货交易委员会（Commodity Futures Trading Committee，CFTC）是美国联邦政府进行期货交易管理的一个独立机构，主要负责监管商品期货、期权和金融期货、期权市场。CFTC 的任务在于保护市场参与者和公众不受与商品和金融期货、期权有关的诈骗、市场操纵和不正当经营等活动的侵害，保障期货和期权市场的开放性、竞争性和财务上的可靠性。通过有效的监管，CFTC 使得期货市场能够发挥价格发现和风险转移的功能。美国商品期货交易委员会每周五发布一份报告，提交者是来自芝加哥、纽约、堪萨斯城和明尼安纳波利斯的期货或期权交易所。这份报告将市场内的交易者分为 3 类并分别记录和统计这 3 类交易者在当周周二收盘时的仓位分布，投资者从而可以对当周市场内各商品期货的供求状况有个大概了解。报告的主要作用在于为投资者提供较为及时的各个期货市场内交易情况的信息，增进期货交易市场的透明度。

美国国会在《美国商品交易法》（CEA）中还授予了美国商品期货交易委员会（CFTC）在市场紧急情况下的管理职权，使美国商品期货交易委员会拥有了紧急情况中的裁决权，以及采取必要措施维持或恢复市场有序交易的职权。

我国期货交易的国家行政统一监管机构是中国证券监督管理委员会（简称证监会），与美国不同，我国股票证券交易和期货交易由同一个管理机构进行管理。证监会期货管理的职能主要包括以下几方面：①建立统一的证券期货监管体系，按规定对证券期货监管机构实行垂直管理；②加强对证券期货业的监管，强化对证券期货交易所、上市公司、证券期货经营机构、证券投资基金管理公司、证券期货投资咨询机构和从事证券期货中介业务的其他机构的监管，提高信息披露质量；③加强对证券期货市场金融风险的防范和化解工作。

证监会下设期货监管一部和期货监管二部，期货监管一部主要监管交易所和市场，期货监管二部主要监管期货机构。期货监管一部负责期货市场总体规划、产品创新、市场监管、市场信息统计分析、法规制度建设、市场对外开放以及期货行业技术安全与进步等工作，包括：拟定期货市场监管的规则、实施细则；审核期货交易所的设立及章程、业务规则，并监管其业务活动；审核上市期货产品及合约；跟踪分析境内外期货交易行情；监管期货交易、结算、交割及其相关活动；研究境内外期货市场；监管境内期货市场信息传播活动；审核商业银行从事保证金存管业务的资格并监管其相关业务活动；监管期货保证金安全存管监控机构。

期货监管二部负责期货市场中介机构的市场准入和日常监管（包括期货公司、投资咨询机构、中间介绍商、商业银行期货中介业务等），包括：拟定期货经营机构、期货投资咨询机构监管的规则、实施细则；审核期货经营机构、期货投资咨询机构的设立与业务资格并监管其业务活动；审核中间介绍业务机构的业务资格并监管其业务活动；审核期货经营机构、期货投资咨询机构高级管理人员任职资格并监管其业务活动；审核商业银行从事期货结算业务的资格并监管其相关业务活动；审核境内机构从事境外期货业务的资格并监督其境外期货业务活动；监管境外机构从事的境内期货业务活动；指导监督期货业协会的有关活动。

2. 行业自律管理

美国的行业自律组织是美国全国期货协会（National Futures Association，NFA），性质上属于非营利性会员制组织。1974 年，美国国会通过了一项关于期货交易规则的新法案，其中有一条要求期货行业成立一个自律性组织。其目的是"防止欺诈和垄断，维护交易的公正原则，保护公众的利益，完善自由竞争的市场机制"，于是美国全国期货协会成立了。NFA 的初始宗旨是树立期货及其他市场的道德规范，保护交易员和投资者的利益。NFA 的主要职能有：审批 NFA 会员资格；审核和监督会员必须符合 NFA 的财务要求；制定并强制执行保护客户利益的规则和标准；对与期货相关的纠纷进行仲裁。

中国期货业协会（以下简称协会）成立于 2000 年 12 月 29 日，是全国期货行业自律性组织，为非营利性的社会团体法人。协会接受中国证监会和国家社会团体登记管理机关的业务指导和管理。

协会的宗旨是在国家对期货业实行集中统一监督管理的前提下，进行期货业自律管理；发挥政府与期货行业间的桥梁和纽带作用，为会员服务，维护会员的合法权益；坚持期货市场的公开、公平、公正，维护期货业的正当竞争秩序，保护投资者利益，推动期货市场的健康稳定发展。

协会的主要职能有：教育和组织会员及期货从业人员遵守期货法律法规和政策，制定行业自律性规则，建立健全期货业诚信评价制度，进行诚信监督；负责期货从业人员资格的认定、管理以及撤销工作，负责组织期货从业资格考试、期货公司高级管理人员资质测试，以及行政法规、中国证监会规范性文件授权的其他专业资格胜任能力考试；监督、检查会员和期货从业人员的执业行为，受理对会员和期货从业人员的举报、投诉并进行调查处理，对违反本章程及自律规则的会员和期货从业人员给予纪律惩戒；向中国证监会反映和报告会员和期货从业人员执业状况，为期货监管工作提供意见和建议；制定期货业行为准则、业务规范，参与开展行业资信评级，参与拟定与期货相关的行业和技术标准等。

3. 期货市场内部自律化管理

期货交易所和清算所是期货交易监管中的重要环节，只有期货交易所和清算所的有效监控，才能保证交易所内交易的公正性、公开性、公平性和期货交易财务的健全性。通常，为了保证期货交易的顺利进行，交易所和清算所都要制定相关交易规则并确保其得以实施。

3.3　期货交易

3.3.1　期货交易流程

期货交易是通过交易者、期货公司、期货交易所和结算所这四个组成部分的有机联系进行的。具体的交易流程如下。

1. 开设交易账户

期货交易所一般采取会员制，只有会员才能参与交易所进行的交易，大多数交易者并不是交易所的会员，他们只能通过交易所会员的代理进行交易，所以交易者首先要选择合适的期货经纪公司。所谓合适的期货经纪公司，是指资信好、服务质量优秀、资本雄厚、承担风险能力强、有较好的市场分析能力的期货经纪公司。交易者选定了期货公司后，须在期货经纪公司提供的《期货交易风险说明书》上签章确认，并与期货公司签署《期货经纪合同》，申请开立交易账户，交纳一定数量的保证金，从而成为合法的期货投资者。

2. 下达交易指令

当投资者与期货公司的代理关系正式确立后，投资者须通过期货经纪公司下达交易指令，下单时可选择书面、电话、网上委托等方式，期货经纪公司受理指令后，须及时将投资者交易指令输入交易所计算机终端进行竞价交易。目前国内一般采用计算机自动撮合的交易方式。期货交易指令的种类很多，各种类型指令的作用不同，目前市场上常用的价格指令有以下五种。[⊖]

（1）限价指令：指交易所计算机撮合系统执行指令时按限定价格或更好价格成交的指令。比如交易者下达一个指令，"卖出限价为 2 188 元/吨的 2014 年 5 月大豆合约 10 手"，那么，当市场的交易价格等于或高于 2 188 元/吨的时候，该指令就成交了。限价指令对交易价格要求明确，但能否执行取决于指令有效期内价格的变动。如没有触及限价水平，该指令就没有机会执行。在限价指令下达后，没有成交或只有部分成交，此时，交易者有权下达取消指令，使原来下达的限价指令失效或部分失效。

（2）市价指令：指的是交易者委托经纪商按照目前的市场成交价格买入或者卖出

⊖　《大连商品交易所交易细则》第 39 条。

期货合约。在给经纪商下达市价指令时，交易者只需要给出交易的数量，价格由成交的实际结果决定。市价指令的特点是交易者能够迅速进入或者退出市场，建立交易或者对冲交易头寸，了结交易头寸。

（3）市价止损（盈）指令：指当市场价格触及客户预先设定的触发价格时，交易所计算机撮合系统将其立即转为市价指令的指令。

（4）限价止损（盈）指令：指当市场价格触及客户预先设定的触发价格时，交易所计算机撮合系统将其立即转为限价指令的指令。

（5）套利交易指令：交易所对指定合约提供套利交易指令，交易所计算机撮合系统收到指令后将指令内各成分合约按规定比例同时成交。

3. 竞价交易

竞价交易有两种形式：集合竞价交易和连续竞价交易。集合竞价采用最大成交量原则，即以此价格成交能够得到最大成交量。高于集合竞价产生的价格的买入申报全部成交；低于集合竞价产生的价格的卖出申报全部成交；等于集合竞价产生的价格的买入或卖出申报，根据买入申报量和卖出申报量的多少，按少的一方的申报量成交。集合竞价适用于交易所开盘价的形成，或者那些不能进行连续交易的场外市场交易。

连续竞价交易是指交易所计算机自动撮合系统在接受投资者的买卖申报指令后，按"价格优先、时间优先"原则进行撮合成交。撮合成交价等于买入价（bp）、卖出价（sp）和前一成交价（cp）三者中居中的一个价格。即：

当 $bp \geq sp \geq cp$，则最新成交价 $= sp$。

当 $bp \geq cp \geq sp$，则最新成交价 $= cp$。

当 $cp \geq bp \geq sp$，则最新成交价 $= bp$。[一]

4. 成交回报

投资者下达的买卖申报经计算机撮合成交即生效。成交信息通过交易所成交回报系统发送至期货公司。期货公司将该成交回报信息及时反馈给投资者。

5. 结算

结算是指根据交易结果和交易所有关规定对会员交易保证金、盈亏、手续费、交割货款及其他有关款项进行计算、划拨的业务活动。我国目前的结算体制是二级结算

[一] 《大连商品交易所结算细则》第33条。

体制，即交易所对会员结算，会员（仅指经纪会员）对客户结算，交易所不直接对客户进行结算。期货公司会员结算部门负责会员与交易所、会员与客户之间的结算工作，非期货公司会员结算部门负责会员与交易所之间的结算工作。会员入市前需向交易所提交《印鉴授权书》等文件，并确定结算银行，开设"专用资金账户"。交易所对会员存入交易所专用结算账户的保证金实行分账管理，为每一会员设立明细账户，按日序时登记核算每一会员出入金、盈亏、交易保证金、手续费等；期货公司会员对客户存入会员专用资金账户的保证金实行分账管理，为每一客户设立明细账户，按日序时登记核算每一客户出入金、盈亏、交易保证金、手续费等。

6. 对冲平仓与实物交割

在实际操作中，大部分（约占到99%）的交易者在期货合约到期之前就将他们的头寸平仓。平仓（close position）是指期货交易者买入或者卖出与其所持期货合约的品种、数量及交割月份相同但交易方向相反的期货合约，以了结期货头寸的行为。

期货合约到期时，未平仓合约须进行实物交割。交割结算价根据不同交割方式确定。一次性交割是在合约最后交易日后，所有未平仓合约的持有者须以交割履约，同一客户号买卖持仓相对应部分的持仓视为自动平仓，不予办理交割，平仓价按交割结算价计算。滚动交割是指在合约进入交割月以后，由持有标准仓单和卖持仓的卖方客户主动提出，并由交易所组织匹配双方在规定时间完成交割的交割方式。滚动交割的交割结算价采用该期货合约滚动交割配对日的当日结算价；一次性交割的交割结算价采用该期货合约自交割月第一个交易日起至最后交易日所有成交价格的加权平均价。[○]个人客户不允许交割。自交割月第一个交易日起，交易所对个人客户的交割月份持仓予以强制平仓。

3.3.2　期货交易风险管理制度

期货交易是对未来价格预期的交易，期货交易只需要客户缴纳相当于期货头寸价值较小比例的保证金。由于价格预期的不确定性和保证金的杠杆效应，客户在持有头寸期间将面临较大的风险。为了保障期货交易有一个"公开、公平、公正"的环境，保障期货市场平稳运行，对期货市场的高风险实施有效的控制，期货交易所制定了一系列的交易制度。

○　《大连商品交易所结算细则》第61条。

1. 当日无负债结算制度

当日无负债结算制度，又称"逐日盯市"，是指每日交易结束后，交易所按当日结算价结算所有合约的盈亏、交易保证金及手续费等费用，对应收应付的款项实行净额一次划转，相应增加或减少会员的结算准备金。经纪会员负责按同样的方法对客户进行结算。

当日无负债结算制度对所有账户的交易及头寸按不同品种、不同月份的合约分别进行结算，保证每一交易账户的盈亏都能得到及时、具体、真实的反映，为及时调整账户资金、控制风险提供了依据。这一制度能将市场风险控制在交易全过程中的一个相对最短的时间之内。

2. 保证金制度

保证金制度是期货交易的特点之一，是指在期货交易中，交易者必须按照期货公司的要求在自己的账户内存入一定数额的资金作为期货交易的保证金，保证金不是交易的预付款或定金，而是作为其履行期货合约的财力担保。

保证金的收取是分级进行的，可分为期货交易所向会员收取的保证金和期货经纪公司向客户收取的保证金，即分为会员保证金和客户保证金。会员保证金的收取标准由期货结算所规定，客户保证金的收取比例由期货经纪公司规定，期货经纪公司向客户收取的交易保证金不得低于交易所向会员收取的交易保证金，保证金用于交易结算，严禁挪作他用。当每日结算后客户保证金低于期货交易所规定或双方约定的保证金水平时，期货经纪公司应当按规定向客户发出保证金追加通知，客户在规定时间内补齐保证金缺口。

在国际期货市场上，一般将保证金分为初始保证金和维持保证金。初始保证金是按照交易所对每种期货合约规定的一定比例，向客户收取的现金或法定许可的替代物。维持保证金是当期货市场价格向不利于客户头寸的方向波动时，保证金账户所必须保持的最低金额，一旦账户资金降到了维持保证金水平之下，经纪公司就会通知交易者追加保证金，该账户的资金必须追加到初始保证金的水平。为了更好地理解保证金制度和当日无负债制度，以表 3-3 为例。假设 4 月 1 日，某投资者购买了一份 CBOT 7 月份的燕麦期货合约，每份合约的规模是 5 000 蒲式耳[⊖]，价格为 160 美分/蒲式耳。交易所规定的初始保证金水平为 1 200 美元，维持保证金水平为 1 000 美元。当日交易结束时，该期货合约的价格下跌为 158 美分/蒲式耳，即一份合约损失了

⊖ 1 蒲式耳 = 0.014 515 89 吨（针对燕麦）。

100（＝0.02×5 000）美元，那么保证金账户的余额也相应减少 100 美元。4 月 2 日，假设该期货合约的价格继续下跌为 153 美分/蒲式耳，即一份合约损失了 250（＝0.05×5 000）美元，那么保证金账户的余额也相应减少 250 美元，且低于维持保证金水平（1 000 美元），于是，经纪人会发出保证金追加通知，要求投资者将保证金账户的余额补足到初始保证金水平，也就是说该投资者必须追加 350 美元的变动保证金。4 月 3 日和 4 月 4 日，投资者的保证金账户上都有超过初始保证金的超额资金，本例中假设投资者没有抽走这笔超额资金。

表 3-3　一份燕麦期货合约多头的保证金操作

日期	期货价格（美分/蒲式耳）	每天盈（亏）（美元）	累计盈（亏）（美元）	保证金账户余额（美元）	追加保证金（美元）
	160			1 200	
4 月 1 日	158	（100）	（100）	1 100	
4 月 2 日	153	（250）	（350）	850	350
4 月 3 日	154	50	（300）	1 250	
4 月 4 日	156	100	（200）	1 350	
……					

我国香港地区、美国、日本、英国均采取初始保证金和维持保证金两种水平，只不过维持保证金占初始保证金的比例有所不同。

我国期货市场没有明确的初始保证金和维持保证金的说法，不过在具体操作过程中做法有一些相似。比如，期货公司向客户收取的"公司保证金"可等同于初始保证金，期货公司一般规定当账户的资金达到"公司保证金"的一定比例（低于或等于100%）时，就要求该账户追加保证金至"公司保证金"水平。

随着交割日的临近，为了降低违约风险，交易所会提高保证金的比例，以我国郑州商品交易所为例，不同交易品种，越临近交割日，保证金的比例越高。具体如表3-4 所示。

表 3-4　各品种期货合约的交易保证金比例　　　　（%）

品种	一般月份	交割月前一个月份			交割月份
		上旬	中旬	下旬	
普麦、强麦、菜油、早籼稻、晚籼稻、粳稻、甲醇（MA）	5	5	10	15	20
白糖、PTA、甲醇（ME）、玻璃	6	6	10	15	20
一号棉、菜籽、菜粕	5	5	15	25	30
动力煤	5	5	5	10	20

3. 涨跌停板制度

所谓涨跌停板制度，又称每日价格最大波动限制，即指期货合约在一个交易日中的交易价格波动不得高于或者低于规定的涨跌幅度，超过该涨跌停幅度的报价将被视为无效，不能成交。涨跌停板制度将每天的价格波动控制在一定幅度，从而减缓了价格风险对客户承担能力的冲击，锁定了每日价格波动导致客户头寸的最大亏损额度，有效抑制了突发事件和投机对期货价格的冲击。我国目前上市交易的各个品种期货合约的每日价格最大波动幅度大多为 ±4%，即每日价格不高于或不低于上一交易日结算价的 4%。

交易所可以根据市场情况调整各合约涨跌停板幅度。例如，大连商品交易所规定，黄大豆 1 号、黄大豆 2 号、豆粕、豆油、棕榈油、玉米、线型低密度聚乙烯、聚氯乙烯、焦炭、焦煤、铁矿石、鸡蛋、纤维板、胶合板、聚丙烯、玉米淀粉合约交割月份以前的月份涨跌停板幅度为上一交易日结算价的 4%，交割月份的涨跌停板幅度为上一交易日结算价的 6%。

新上市期货合约的涨跌停板幅度为合约规定涨跌停板幅度的两倍，如合约有成交，则于下一交易日恢复到合约规定的涨跌停板幅度；如合约无成交，则下一交易日继续执行前一交易日涨跌停板幅度。

4. 持仓限额制度

持仓限额制度是指交易所规定会员或客户可以持有的，按单边计算的某一合约投机头寸的最大数额。即使同一客户在不同期货公司会员处开有多个交易编码，各交易编码上所有持仓头寸的合计数，也不得超出一个客户的限仓数额。但是，套期保值交易头寸实行审批制，其持仓不受限制。

交易所根据不同期货品种的具体情况，分别确定每一品种每一月份合约的限仓数额；某一月份合约在其交易过程中的不同阶段，分别适用不同的限仓数额，进入交割月份的合约限仓数额从严控制。表 3-5 显示黄大豆 1 号合约一般月份单边持仓限额，表 3-6 显示黄大豆 1、2 号合约进入交割月份前一个月和进入交割月份期间，其持仓

表 3-5　黄大豆 1 号合约一般月份单边持仓限额　　　　　　　（单位：手）

持仓量	期货公司会员	非期货公司会员	客户
单边持仓 >20 万手	单边持仓 ×25%	单边持仓 ×20%	单边持仓 ×10%
单边持仓 ≤20 万手	50 000	40 000	20 000

限额。实行持仓限额制度的目的在于防范操纵市场价格的行为和防止期货市场风险过于集中于少数投资者。

表 3-6　黄大豆 1、2 号合约进入交割月份前一个月和进入交割月份期间持仓限额

(单位：手)

交易时间段	期货公司会员	非期货公司会员	客户
交割月前一个月第一个交易日起	25 000	20 000	10 000
交割月前一个月第十个交易日起	12 500	10 000	5 000
交割月份	6 250	5 000	2 500

5. 大户报告制度

大户报告制度是与持仓限额制度紧密相关的又一个防范大户操纵市场价格、控制市场风险的制度。在我国，当非期货公司会员或客户某品种持仓合约的投机头寸达到交易所对其规定的投机头寸持仓限量 80% 以上（含本数）时，非期货公司会员或客户应向交易所报告其资金情况、头寸情况，客户须通过期货公司会员报告。交易所可根据市场风险状况，调整改变持仓报告水平。[⊖]通过实施大户报告制度，可以使交易所对持仓量较大的会员或投资者进行重点监控，了解其持仓动向、意图，对于有效防范市场风险有积极作用。

6. 强行平仓制度

强行平仓制度是指当会员、投资者违规时，交易所对有关持仓实行平仓的一种强制措施。强行平仓制度也是交易所控制风险的手段之一。强行平仓是指当会员、客户违规时，交易所对有关持仓实行平仓的一种强制措施。在我国，当会员、客户出现下列情形之一时，交易所有权对其持仓进行强行平仓：①会员结算准备金余额小于零，并未能在规定时限内补足的；②非期货公司会员和客户持仓量超出其限仓规定的；③因违规受到交易所强行平仓处罚的；④根据交易所的紧急措施应予强行平仓的；⑤其他应予强行平仓的。

7. 风险警示制度

当交易所认为必要时，可以采取要求报告情况、谈话提醒、发布风险提示函等措施中的一种或多种，以警示和化解风险。

⊖　《大连商品交易所风险管理办法》第 27 条。

○ **本章小结**

- 期货合约是指交易双方约定在未来某一特定时间，按约定条件买卖一定标准数量和质量资产的合约标的物的一种标准化协议。
- 与普通的远期合约相比，期货合约在合约规模、交割时间、交割地点、最小变动价位及每日价格波动幅度方面有明确的规定。
- 期货市场由交易所、清算所、交易者、期货公司组成。
- 期货市场的管理体系：政府监管、行业自律管理、期货市场内部自律化管理。
- 期货交易是通过交易者、期货公司、期货交易所和结算所这四个组成部分的有机联系进行的。
- 为了对期货市场的高风险实施有效的控制，期货交易所制定了一系列的交易制度，如当日无负债结算制度、保证金制度、涨跌停板制度、持仓限额制度、大户报告制度、强行平仓制度、风险警示制度。

○ **课后习题**

1. 远期合约与期货合约的相同和不同之处分别是什么？它们各自有哪些优点？
2. 分别阐述期货交易所与清算所的功能。
3. 什么是最小变动价位？
4. 期货合约的最后交易日是指哪个交易日？
5. 期货合约涨跌如何计算？
6. 集合竞价采用什么竞价原则？
7. 何为每日无负债制度？
8. 什么是保证金制度？
9. 解释清算所是如何操作以保护期货市场的。
10. 欧元货币期货在芝加哥国际货币市场上进行交易，合同标准数量是 12.5 万欧元，9 月份交割的欧元对美元期货在 7 月 1 日的交割价格为 0.860 0（即 1 欧元 = 0.860 0 美元），到 7 月 31 日时这些期货合同的价格变成了 0.880 0。A 公司于 7 月 1 日购买了 100 万欧元的期货，在 7 月 31 日全部卖出。

    （1）A 公司应该买入多少张欧元期货合约？

    （2）7 月 31 日 A 公司的损益情况如何？

11. 7 月 1 日，一位投资者卖出两份小麦期货，每份期货规模为 100 吨小麦。初始保
证金为每份合约 3 000 美元，维持保证金为每份合约 1 500 美元。7 月 1 日，期货
价格为 173 美元/吨，7 月 2 日，价格上涨为 179.75 美元/吨。

该投资者在 7 月 2 日的保证金账户余额为多少？

12. 交易商以每蒲式耳[⊖]3.05 美元的价格购买了一个小麦合约（标的 = 5 000 蒲式耳），
合约初始保证金是 4 500 美元，最低保证金是 3 750 美元。

该交易商在什么价格水平需要追加保证金？

⊖ 1 蒲式耳 = 0.026 308 87 吨（针对小麦）。

第4章
CHAPTER4

期货交易策略

🧭 学习目标

- 掌握套期保值的含义及类型，熟练运用套期保值策略。
- 掌握基差风险的概念，理解基差风险对套期保值的影响。
- 掌握套期保值最优合约数量的确定方法。
- 了解期货投机的含义与类型，掌握期货投机与套期保值的区别。
- 掌握套利交易的原理及方式。

4.1 套期保值策略

套期保值是一种为交易者降低或者在某些情况下消除风险的交易类型。在理解套期保值策略以及它如何发挥作用之前，首先要熟悉一些基本的套期保值概念。

4.1.1 套期保值的含义

"套期保值"译自英文单词 hedging，又译作"对冲交易"或"海琴交易"。其一般性的定义是，买进(或卖出)与现货数量相等但交易方向相反的期货合约，以期在未来某一时间再通过平仓获利来抵偿因现货市场价格变动带来的实际价格风险。套期保值之所以能够规避价格风险，是因为对于同一品种的商品，其期货价格与现货价格受到大体相同的因素影响和制约，虽然波动幅度会有不同，但其价格的变动趋势和方向有一致性，所以套期保值者在期货市场上建立与现货市场交易相反的头寸，无论市场价格朝哪个方向变动，两个市场的盈亏对冲，均实现保值。同时，我们也应该认识到，套期保值不会使交易者获得最大收益，因为一个市场获得的利润会被另一个市场的损失所抵消。

4.1.2 套期保值的操作原则

1. 品种相同或相近原则

投资者在进行套期保值操作时，所选择的期货品种与要进行套期保值的现货品种相同或尽可能相近；只有如此，才能最大程度地保证两者在现货市场和期货市场上价格走势的一致性。

2. 交易方向相反原则

投资者在实施套期保值操作时，在现货市场和期货市场的买卖方向必须相反。由于同种(相近)商品在两个市场上的价格走势方向一致，因此必然会在一个市场盈利而在另外一个市场上亏损，盈亏相抵从而达到保值的目的。

3. 月份相同或相近原则

投资者在进行套期保值操作时，所选用期货合约的交割月份与现货市场的拟交易时间尽可能一致或接近。

练习与思考 ●●●● →

　　大连商品期货交易所的大豆期货合约的交割月份包括：1 月、3 月、5 月、7 月、9 月、11 月，当现货市场交易时间如下所示时，套期保值者应选用哪种合约来进行对冲？

　　(a) 6 月　　　　(b) 7 月　　　　(c) 1 月

【答案】

　　期货合约应尽量选择与对冲交易到期日最近，但长于对冲交易到期日的交割月份，因此，套期保值者应选择的合约为(a) 7 月，(b) 9 月，(c) 3 月。

4. 数量相等或相近原则

　　投资者在进行套期保值操作时，所选用的期货品种其合约上所载明的商品数量应当与现货市场上要保值的商品数量相当；只有如此，才能使一个市场上的盈利(亏损)与另一市场的亏损(盈利)相等或接近，从而提高套期保值的效果。但是投资者也可以根据情况，采用部分套期保值。

4.1.3　套期保值的类型

　　常见的套期保值主要有两种类型：空头套期保值和多头套期保值。

1. 空头套期保值

　　空头套期保值(short hedge)是指交易者在现货市场已持有现货商品，但担心将来因现货价格下跌而遭受损失，所以在期货市场卖出相当于现货头寸的期货合约，而后在期货合约到期之前买入该期货合约对冲平仓，以期在期货合约上的盈利对冲现货市场的损失。其目的主要是锁定销售价格，锁定实际利润。

　　【例 4-1】　2015 年 3 月，某贸易商购进 1 000 吨玉米，计划在未来一到两个月内以 2 200 元/吨的价格出售。由于担心出售时玉米价格下降，其决定在期货市场做空头套期保值。3 月 14 日，大连商品交易所玉米 5 月合约价格为 2 500 元/吨，该贸易商卖出 88 手该合约(10 吨/手)。到 4 月中旬，该贸易商找到需求方准备出售玉米时，玉米的现货价格已经下跌到 2 178 元/吨，同时期货市场的合约价格也降到 2 475 元/吨。该贸易商决定在期货市场上做对冲交易，以锁定收益，规避风险。具体操作见表 4-1。

表 4-1　空头套期保值规避价格风险

交易时间	现货市场	期货市场
2015 年 3 月 14 日	计划以 2 200 元/吨的价格出售 1 000 吨玉米	卖出玉米期货合约 88 手，价格 2 500 元/吨
2015 年 4 月 14 日	以 2 178 元/吨的价格出售 1 000 吨玉米	买进玉米期货合约 88 手，价格 2 475 元/吨
交易结果	(2 178 - 2 200) × 1 000 = -22 000(元)	(2 500 - 2 475) × 88 × 10 = 22 000(元)

　　4 月 14 日，玉米的现货价格是 2 178 元/吨，贸易商在现货市场上每吨损失 22 元，可是由于期货市场的价格也下跌，贸易商在期货市场上每吨盈利 25 元。所以，玉米的实际售价是 2 200(= 2 178 + 25 × 88 × 10 ÷ 1 000)元/吨。交易者在期货市场上进行套期保值交易，他在现货市场上的损失被期货交易中的盈利抵补，从而锁定了他预期的销售价格，规避了现货价格下跌的风险。但是，值得注意的是，本例中贸易商之所以能实现"完全套期保值"，条件有两个：一是他卖出的期货与他持有的现货具有相同的头寸；二是期货价格与现货价格不仅变动方向相同，而且变动幅度也相同，不考虑交易费用。

2. 多头套期保值

　　多头套期保值(long hedge)是指交易者目前没有持有现货，但是他将来需要购买或拥有现货，但担心将来因现货价格上升而遭受损失，所以在期货市场买进相当于现货头寸的期货合约，而后在期货合约到期之前卖出该期货合约对冲平仓，以期在期货合约上的盈利对冲现货市场的损失，其目的主要是锁定现货的购买成本。

　　【例4-2】　2014 年 12 月，某豆油加工企业计划在 3 个月后购进 1 000 吨大豆，此时的大豆现货价格为 3 800 元/吨，3 月期的期货合约价格为 4 000 元/吨。由于担心现货价格上涨，该企业决定在期货市场做多头套期保值，于是 12 月 4 日在大连商品交易所买入 95 手(10 吨/手)3 月期大豆期货合约。3 个月后大豆的现货价格上涨到 3 876 元/吨，同时期货市场的合约价格也涨到 4 080 元/吨。于是该企业卖出期货合约对冲平仓，具体操作见表 4-2。

表 4-2　多头套期保值规避价格风险

交易时间	现货市场	期货市场
2014 年 12 月 4 日	计划以 3 800 元/吨的价格买入 1 000 吨大豆	买入大豆期货合约 95 手，价格 4 000 元/吨
2015 年 3 月 4 日	以 3 876 元/吨的价格买入 1 000 吨大豆	卖出大豆期货合约 95 手，价格 4 080 元/吨
交易结果	(3 800 - 3 876) × 1 000 = -76 000(元)	(4 080 - 4 000) × 10 × 95 = 76 000(元)

　　2015 年 3 月 4 日，大豆的现货价格是 3 876 元/吨，相对于 2014 年 12 月的大豆现货价格，加工厂在现货市场上每吨损失 76 元。但是由于期货市场的价格也上涨，加工厂在期货市场上每吨盈利 80 元。所以，大豆的实际购买价格是 3 800（= 3 876 − 80×95×10÷1 000）元/吨。交易者在期货市场上进行套期保值交易，他在现货市场上的损失被期货交易中的盈利抵补，从而锁定了他预期的购买价格，规避了现货价格上涨的风险。

练习与思考 ●●●● >>

　　在伊拉克于 1990 年入侵科威特后不久，石油价格就大幅上涨。在入侵几个月后，航空汽油价格涨了一倍多，使大陆航空公司一个月的燃油支出增加了 8 100 万美元。1990 年 12 月 3 日，大陆航空公司申请破产，其主要原因就是油价上涨。如果大陆航空的财务主管在伊拉克入侵之前就购买了航空燃油的期货合约对油价上涨风险进行套期保值的话，它就可以避免破产，财务主管也会因为预先使用了套期保值而受到嘉奖。但是如果当时没有发生战争，而且石油价格是大幅下降的话，航空公司在现货市场的成本节约就会被期货的损失冲抵掉，财务状况要比未采用套期保值时差。这里我们假设石油价格下跌了，企业在期货合约的损失为 200 万美元，我们可以设想一下总经理和财务主管的谈话情景。

　　总经理：太可怕了。我们 1 个月内在期货市场上损失了 200 万美元，怎么会这样呢？你必须做出全面解释。

　　财务主管：采用期货是为了对冲暴露的油价面临的风险，锁定我们的目标成本，而不是为了在石油价格下降时获利。而且现在目的也达到了，毕竟我们在现货市场上从油价的下跌中节约了 200 万美元的支出。

　　总经理：那有什么关系？这好像是说纽约的成本下降了，加利福尼亚的成本就可以上升。

　　财务主管：如果油价上涨了……

　　总经理：我不关心油价上涨会出现什么情况，现在的事实是油价下跌了。我真不明白你这样玩弄期货要干什么。我们的股东期望这个季度的业绩可以格外出色，我不得不向他们解释说是由于你的行为而使利润降低了 200 万美元。恐怕今年你是拿不到奖金了。

　　财务主管：这不公平。我只是……

　　总经理：不公平！你没被解雇已经很幸运了，你损失了 200 万美元。

财务主管：这全在于你怎么看待它……

【问题】你认为总经理的话是否有道理？如果你是财务主管，你是否会使用套期保值进行避险？

【答案】

在金融市场，利用套期保值对冲风险是企业进行风险管理最常用的方法。但是我们要清楚地认识到，套期保值是在企业放弃潜在收益的前提下，将自身所面临损失的风险转移给别人，因此有可能引起企业利润的升降。

在这里我们必须明确套期保值的核心思想不是为了获得最大收益，而是要规避风险。

尽管进行套期保值的决策是理性的，但在实践中，财务主管决定是否进行套期保值是很困难的。这里，我们的重心不在套期保值程序的处理上，而是给出一些实施套期保值的原因和情况。

4.1.4　基差风险

在例 4-1 和例 4-2 中，我们所举的空头套期保值和多头套期保值的例子，均是完美套期保值或理想套期保值（perfect hedging），即在套期保值操作过程中，期货头寸盈（亏）与现货头寸亏（盈）幅度是完全相同的，两个市场的盈亏是完全冲抵的。事实上，盈亏完全冲抵是一种理想化的情形。例如，在相同或相近的价格变动影响因素作用下，同一商品在期货市场和现货市场的价格走势整体是趋同的，但受到季节、商品等级等各种因素的影响，两个市场价格变动程度可能存在不一致。因此，现实中套期保值操作的效果更可能是不完全套期保值或非理想套期保值（imperfect hedging），即两个市场盈亏只是在一定程度上相抵，而非刚好完全相抵。在此，我们将引入基差（basis）的概念，详细分析两个市场价格变动幅度不完全一致与套期保值效果之间的关系。

1. 基差的概念

基差是某一特定地点，某种商品或资产的现货价格与相同商品或资产的某一特定期货合约价格间的价差。用公式可表示为：

$$基差 = 现货价格 - 期货价格$$
$$B(\text{basis}) = S(\text{spot price}) - F(\text{future price})$$

在正常的市场情况下，即正向市场上，期货价格高于现货价格，基差为负值。这是因为从期货交易开始到实物交割的一段时间内，为保管商品会发生一定的持仓费，在不考虑其他因素的前提下，持仓费的高低与期货合约的时间长短有关。一般来说，距离交割的期限越远，持有商品的成本就越高，期货价格高出现货价格的部分就越大。当交割月到来时，持仓费将降至零，期货价格和现货价格将趋同。

在反向市场上，现货价格高于期货价格，基差为正值。主要是近期对某种商品或资产需求非常迫切，远大于近期产量及库存量，使现货价格大幅度增加，高于期货价格；在反向市场上，随着时间的推移，现货价格与期货价格如同在正向市场上一样，会逐步趋同，到交割期趋向一致。

2. 基差的变动

由于受到相近的供求因素的影响，期货价格和现货价格表现出相同趋势，但由于供求因素对现货市场、期货市场的影响程度不同以及持仓费等因素，导致两者的变动幅度不尽相同，因而计算出来的基差也在不断地变化中，我们常用"走强"或"走弱"来评价基差的变化。

基差变大，称为"走强"（stronger）。基差走强常见的情形有：现货价格涨幅超过期货价格涨幅，以及现货价格跌幅小于期货价格跌幅。这意味着，相对于期货价格表现而言，现货价格走势相对较强。

若基差沿单箭头方向变动，基差走强可分为三种情况：

第一，基差负值缩小（如从 -100 变为 -50）。

第二，基差由负变正（如从 -50 变为 50）。

第三，基差正值增大（如从 50 变为 100）。

基差变小，称为"走弱"（weaker）。基差走弱常见的情形有：现货价格涨幅小于期货价格涨幅，以及现货价格跌幅超过期货价格跌幅。这意味着，相对于期货价格表现而言，现货价格走势较弱。

若基差沿单箭头方向变动，基差走弱也有三种情况：

第一，基差正值缩小（如从 100 变为 50）。

第二，基差由正变负（如从 50 变为 -50）。

第三，基差负值增大（如从 -50 变为 -100）。

3. 基差风险对套期保值的影响

在现实的商品交易中，尽管期货市场价格和现货市场价格变化的方向可能是一致的，但是变化的幅度大多是不一致的，这就使得套期保值入市时和出市时的基差不同，而且基差的变化是不确定的，我们把这种基差变化的不确定性称为基差风险（basis risk）。通常产生基差风险的原因有以下几种：① 需要对冲其价格风险的资产与期货合约的标的资产可能不完全一致；② 套期保值者不能肯定购买或出售资产的确切时间；③ 套期保值者可能要求期货合约在其到期日之前就进行平仓。

小资料

海湾战争之后，各家航空公司都开始积极地对航空煤油价格进行套期保值。在 2000 年燃料价格迅猛上升时，Delta 公司从套期保值中获得 6.84 亿美元。市场上不存在航空煤油的期货合约，只有原油的期货合约和取暖用油的期货合约。原油、取暖用油和航空煤油价格之间的差异是随机变动的。Delta 公司采用取暖用油期货合约进行套期保值。因此对 Delta 公司来说，相关的基差就是航空煤油价格和取暖用油期货价格之间的差异。由于取暖用油价格变动与航空煤油价格并不是一一对应的，所以 Delta 公司在套期保值时就承担了基差风险。

由于基差风险的存在，套期保值的效果受到影响，为了检验基差风险对套期保值的影响，我们将使用以下符号：

S_1——在 t_1 时刻某一商品的现货价格。

S_2——在 t_2 时刻某一商品的现货价格。

F_1——在 t_1 时刻某一商品的期货价格。

F_2——在 t_2 时刻某一商品的期货价格。

B_1——在 t_1 时刻的基差。

B_2——在 t_2 时刻的基差。

（1）基差风险对空头套期保值的影响。

对于空头套期保值而言，基差增强会加强保值的作用，出现有盈保值；而基差减弱则削弱保值的作用，出现减亏保值。具体分析见表 4-3。

表 4-3　基差风险对空头套期保值的影响

时间	现货市场	期货市场	基差
t_1（入市开仓）	S_1	F_1	B_1
t_2（平仓出市）	S_2	F_2	B_2
交易结果	$S_2 - S_1$	$F_1 - F_2$	$B_2 - B_1$

由表 4-3 可知，空头套期保值交易的盈亏结果为：

$$(S_2 - S_1) + (F_1 - F_2) = (S_2 - F_2) - (S_1 - F_1) = B_2 - B_1$$

若 $B_2 - B_1 = 0$，$B_2 = B_1$，则为完美保值(基差不变)。

若 $B_2 - B_1 > 0$，$B_2 > B_1$，则为有盈保值(基差变强)。

若 $B_2 - B_1 < 0$，$B_2 < B_1$，则为减亏保值(基差变弱)。

(2) 基差风险对多头套期保值的影响。

对于多头套期保值而言，基差增强会削弱保值的作用，出现减亏保值；而基差减弱则增强保值的作用，出现有盈保值。具体分析见表 4-4。

表 4-4　基差风险对多头套期保值的影响

时间	现货市场	期货市场	基差
t_1(入市开仓)	S_1	F_1	B_1
t_2(平仓出市)	S_2	F_2	B_2
交易结果	$S_1 - S_2$	$F_2 - F_1$	$B_1 - B_2$

由表 4-4 可知，多头套期保值交易的盈亏结果为：

$$(S_1 - S_2) + (F_2 - F_1) = (S_1 - F_1) - (S_2 - F_2) = B_1 - B_2$$

若 $B_1 - B_2 = 0$，$B_1 = B_2$，则为完美保值(基差不变)。

若 $B_1 - B_2 > 0$，$B_1 > B_2$，则为有盈保值(基差变弱)。

若 $B_1 - B_2 < 0$，$B_1 < B_2$，则为减亏保值(基差变强)。

由上述分析可以得出基差变化与套期保值效果的一般规则，见表 4-5。

表 4-5　基差变化对套期保值的影响

套期保值种类	基差变化	套期保值效果
空头套期保值	基差不变：$B_1 = B_2$	完美套期保值，盈利为零
	基差变强：$B_2 > B_1$	净盈利
	基差变弱：$B_2 < B_1$	净亏损
多头套期保值	基差不变：$B_1 = B_2$	完美套期保值，盈利为零
	基差变强：$B_2 > B_1$	净亏损
	基差变弱：$B_2 < B_1$	净盈利

4.1.5　套期保值最优合约数量

1. 完全对冲法

套期保值者通过买进或卖出与现货商品价值相等，方向相反的头寸，完全对冲了价格变动的风险，这种方法叫完全对冲法(perfect hedge method)。这种方法的基本假设是，期货价格与被保值的现货价格变动完全一致，即没有基差风险的存在。此时，套期保值最优合约数为现货头寸总价值除以每手期货合约价值。

套期保值最优合约数 = 现货头寸总价值 ÷ 每手期货合约价值

如例 4-1 所示，某贸易商购进 1 000 吨玉米，预保值的玉米现货总价值为 2 200 000元，可供选择的期货合约价格为 2 500 元/吨，每手合约 10 吨。为了规避玉米价格下降的风险，根据完全对冲法，该贸易商应该卖出 88（ = 2 200 000 ÷ 2 500 ÷ 10）手该合约，在合约到期前进行平仓。由于现货玉米价格与期货价格走势完全一致，也就是完全正相关，现货玉米价格下降了 1%，期货价格也下降了 1%，因此达到完全对冲。

2. 最小风险对冲比率法

完全对冲法假定拟对冲的现货商品价格变动与期货价格变动完全一致。但是事实上，被保值的商品和用于保值的期货合约很可能在时间跨度、商品数量、商品特性上存在较大差异，因此价格变动也不会完全相同，这时使期货市场的头寸与现货市场头寸相等，并不一定是最佳的。当期货价格变动小于现货价格变动时，购买的期货头寸应该多于现货头寸；相反，当期货价格变动大于现货价格变动时，购买的期货头寸应该小于现货头寸。为达到最佳套期保值效果，套期保值者应采用最小风险套期保值比率法（minimum risk hedge ratio method），求出风险最小目标下最佳合约数量。

我们定义一些符号如下。

ΔS：在套期保值期限内，现货价格 S 的变化（$\Delta S = S_2 - S_1$）。

ΔF：在套期保值期限内，期货价格 F 的变化（$\Delta F = F_2 - F_1$）。

$\sigma_{\Delta S}$：ΔS 的标准差。

$\sigma_{\Delta F}$：ΔF 的标准差。

$\mathrm{cov}_{\Delta S, \Delta F}$：$\Delta S$ 与 ΔF 之间的协方差。

ρ：ΔS 与 ΔF 之间的相关系数。

h：套期保值比率，即每单位现货商品对应的期货合约的数量。

P：单位商品的套期盈利。

对于空头套期保值者，其持有现货资产的多头和期货的空头的组合，在套期保值期限内的盈利为：

$$P = \Delta S - \Delta F \cdot h$$

对于多头套期保值者，其持有现货资产的空头和期货的多头的组合，在套期保值

期限内的盈利为:

$$P = \Delta F \cdot h - \Delta S$$

以上两种情况下,套期保值利润的方差为:

$$\mathrm{Var}_P = \sigma^2_{\Delta S} + h^2 \sigma^2_{\Delta F} - 2h \cdot \mathrm{Cov}_{\Delta S, \Delta F}$$

对 h 求偏导数,则有:

$$\frac{\partial v}{\partial h} = 2h\sigma^2_{\Delta F} - 2\mathrm{Cov}_{\Delta S, \Delta F}$$

欲令风险最小,使 $2h\sigma^2_{\Delta F} - 2\mathrm{Cov}_{\Delta S, \Delta F} = 0$,则:

$$h = \frac{\mathrm{Cov}_{\Delta S, \Delta F}}{\sigma^2_{\Delta F}} = \rho \cdot \frac{\sigma_{\Delta S}}{\sigma_{\Delta F}}$$

因此,最佳的套期保值比率等于 ΔS 和 ΔF 之间的相关系数 ρ 乘以 ΔS 的标准差与 ΔF 的标准差之间的比率。如果 $\rho = 1$,且 $\sigma_F = \sigma_S$,最佳套期保值比率 h 为 1.0。这种情况下,期货价格变化完全等于现货价格变化。如果 $\rho = 1$,且 $\sigma_F = 2\sigma_S$,则最佳套期保值比率为 0.5,因为在这种情况下,期货价格变化是现货价格变化的两倍。

套期保值的最优合约数可由以下公式得出:

$$N = h \cdot \frac{A}{Q}$$

其中,N 表示用于套期保值的期货合约的最佳数量,A 表示被套期保值头寸的规模,Q 表示期货合约的单位规模。

【例 4-3】 某航空公司预计将在 3 个月后购买 300 万加仑飞机燃料油,由于担心燃料油价格上涨,于是选择通过购买燃料油期货合约进行套期保值。假定过去 12 个连续月份的飞机燃料油价格变化为 ΔS,相应月份的燃料油期货价格变化为 ΔF。运用 Excel 中的 STDEV 和 CORREL 两个函数得到期货的 $\sigma_{\Delta F} = 0.0416$,燃料油的标准差 $\sigma_{\Delta S} = 0.0323$,以及相关系数 $\rho = 0.931$。根据公式,最佳的套期保值比率为:

$$h = 0.931 \times \frac{0.0323}{0.0416} \approx 0.723$$

一张燃料油期货合约的规模是 42 000 加仑,因此公司应购买 52($= 0.723 \times$ 3 000 000/42 000 ≈ 51.64)张合约进行套期保值。

4.2 投机交易策略

期货市场上除了套期保值者以外,还有相当一部分参与者不持有现货(或没有对现货的需求），无须对现货进行保值，买卖期货合约就是为了利用买卖价差赚取收益，这类交易者被称为期货投机者。

4.2.1　期货投机的含义

期货投机交易指在期货市场上以获取价差收益为目的的期货交易行为。由于期货市场采用保证金制度，所以期货投机者仅用少量的保证金就可以买卖期货合约100%的总价值，杠杆效应使得期货投机收益比现货市场投机收益大得多，因此，吸引了大量的投机者。

很多人认为投机是一个贬义词，但在衍生品市场上投机者的作用被认为是"制造市场"或"制造市场的流动性"。如前所述，投资者有不同的风险偏好，所有的投资者都希望把风险控制在可接受的范围内。期货市场能够让那些希望降低风险的人把风险转移到希望承受风险的投资者身上，我们称前者为套期保值者，后者为投机者。如果期货市场上只有套期保值者买进或卖出套期保值，那么很可能出现套期保值者难以找到交易对手的情况，这样期货市场的流动性就差，交易不活跃，甚至交易不成功。

因此，市场上必须有大量的投机者，主动承担规避风险者转移的风险，并通过承担风险来谋取风险利益。所以，投机交易是增加期货市场流动性的一种润滑剂。

4.2.2　期货投机的类型

投机交易分为两种：单项式投机和套利交易。本节重点阐述单项式投机，套利交易将于下节介绍。

单项式投机即普通的买空卖空行为，是指投机者通过对价格的预期，在认为价格上升时买进、价格下跌时卖出，然后待有利时机再卖出或买进原期货合约，以获取利润的活动。对期货价格预期下降并据此进行投机的交易者，被称为空头投机者；对期货价格预期上升并据此进行投机的交易者，被称为多头投机者。

进行单项式投机的关键在于对期货市场价格变动趋势的分析预测是否准确，如果这种预测与市场价格走势相同，则投机者平仓出局后可获取投机利润；如果判断与价格走势相反，则投机者平仓出局后承担投机损失。由于影响期货市场价格变动的因素很多，特别是投机心理等偶然性因素难以预测，正确判断难度较大，所以这种投机的风险较大。投机者一般只是平仓了结持有的期货合约，而不进行实物交割。

根据持仓时间的长短，单项式投机者又可分为三类。

（1）头寸投机者（position trader）。这类投机者大多是场外投机者，他们认为市场价格的变动有一定惯性。他们会持有头寸过夜，有时会持有头寸长达几个星期或几个月。

（2）当日投机者（day trader）。交易者认为影响期货价格的信息每日变化且是不同的，因此，规避这种信息风险的最好策略就是持有交易头寸的时间不超过一个工作日，他们可能在场内交易也可能在场外交易，但每天交易结束前就会结清自己的头寸。

（3）抢帽子者（scalper）。这类投机者持有头寸的时间最短，有时仅持有几分钟甚至几秒钟，他们大多是场内交易者，亲临市场交易，对市场价格走向把握比较准确和迅速。他们的交易费用比场外交易者低，因此交易量大，交易频繁，交易价差小。抢帽子的交易行为增强了期货市场的流动性，缩小了卖价与买价之间的差距，有利于减少价格波动的幅度。

4.2.3　期货投机与套期保值的区别

期货投机与套期保值的区别可以总结为以下四点。

1. 交易目的不同

套期保值是规避或转移现货价格涨跌风险的一种方式，目的是锁定利润（成本）和控制风险；而期货投机则是通过承担风险赚取价差收益的一种方式，目的就是赚取最大利润。

2. 承受风险不同

套期保值者只承担基差变动带来的风险，相对风险较小；而投机者需要承担价格变动带来的风险，相对风险较大。套期保值者是价格风险的转移者，期货投机者是价格波动风险的承担者。

3. 参与市场不同

套期保值参与的市场包括期货市场和现货市场，而期货投机仅参与期货市场交易。

4. 交易方式不同

套期保值需要头寸根据现货头寸来制定，并且套期保值头寸与现货头寸操作方向相反，种类和数量相同或相似；而投机者则依据对未来价格走势的判断，通过在期货市场上买空或卖空期货合约获利。

4.3 套利交易策略

期货投机除了单项式投机外，还有另外一种类型就是套利交易。

4.3.1 套利交易的原理

套利交易也叫价差交易，是指在买入或卖出某种期货合约的同时，卖出或买入相关的另一种合约，并在某个时间将两种合约同时平仓的交易方式。套利是利用不同市场之间的不合理价格差异来谋取低风险利润的一种交易方式。其中不合理的价差关系主要包括：① 同种商品在现货市场和期货市场间不合理的价格关系，由此产生期现套利的机会；② 同种商品在不同交易所之间的不合理的价格关系，由此产生跨市套利的机会；③ 同一市场、同种商品期货合约在不同交割月份之间的不合理的价格关系，由此产生跨期套利的机会；④ 同一市场、同一交割月份的相互关联的商品期货合约之间不合理的价格关系，由此产生跨商品套利的机会。

套利交易不同于单向式投机交易，它是在买进一种期货合约的同时卖出另一种期货合约的组合交易，其实质是对不同合约的价差进行投机，通常买卖的两种合约价格联动性很强，且价差变动有规律可循，因此一旦正常的价差关系出现反常变化，投机者就可以抓住机会进行套利交易。由于套利交易不是利用绝对价格水平变化，而是利用相对价差关系，并且同时建立买卖方向相反的投机头寸，两种价格变化又具有高度的正相关关系，因此一种期货合约交易亏损，会被另一种期货合约的盈利弥补，这就使得总投机头寸的风险变小，所以说利用套利交易进行投机所承担的风险小于单项式投机的风险。

4.3.2 套利交易的方式

从套利交易的操作方式来看，套利可以分为期现套利、跨市套利、跨商品套利和跨期套利，后三种也被称为套期图利或价差套利。

1. 期现套利

理论上，期货价格是商品未来的价格，现货价格是商品目前的价格，按照经济学上的同一价格理论，两者间的差距，即"基差"（基差 = 现货价格 − 期货价格）应该等于该商品的持有成本，如运输成本、质检成本、仓储成本等。一旦基差与持有成本偏离较大，就出现了期现套利的机会。期现套利主要包括正向买进期现套利（正向套利）和反向买进期现套利（反向套利）两种。

（1）正向套利：当期货价格大于现货价格，并且超过持有成本，套利者可以买入现货，同时卖出期货合约，待合约到期时，用所买入的现货进行交割。价差收益扣除买入现货后发生的持仓成本之后还有盈利，就形成了套利利润。

（2）反向套利：当现货价格大于期货价格，并且超过持有成本，这时套利者可以实施反向期现套利。套利者可以卖出现货，买入相关期货合约，待合约到期时，用交割获得的现货来补充之前所卖出的现货。价差亏损小于节约的持仓成本，因而产生盈利。

【例 4-4】 7 月 20 日佳木斯大豆现货市场价格为 3 200 元/吨，大连商品期货交易所 9 月份大豆合约价格为 3 450 元/吨，基差为 −250 元。套利者认为这个价差远高于交割费用，可以进行期现套利。经过计算，从佳木斯购入现货，然后转抛大连商品交易所的基本费用（运费、仓储费用、质检费用、交割费用等）为 180 ~ 200 元/吨。期现套利可盈利 50 ~ 70 元/吨。

2. 跨市套利

跨市套利是指在某个交易所买入（或卖出）某一交割月份的某种商品期货合约，同时，在另一个交易所卖出（或买入）同一交割月份的同种商品期货合约，以期在时机有利时分别在两个交易所对冲所持合约获利。

由于地域间的差异，不同交易所的相同标的商品的期货合约价格会存在一定的差异，这种差异被称为空间基差。一般来说，同种商品在不同交易所之间的价格会有一个稳定的空间基础，如果在短时间内出现价差异常变大，估计在未来某个时期价差会恢复正常。这时套利者可以买进价格相对偏低的交易所的期货合约，卖出价格相对偏高的交易所的期货合约而获利。

【例 4-5】 套利者对 KCBT（堪萨斯城交易所）和 CBOT（芝加哥交易所）12 月份小

麦期货合约价格进行分析后，认为 KCBT 的小麦期货价格相对偏低，于是买入 KCBT 的 12 月份小麦期货合约，卖出同日 12 月份 CBOT 12 月份小麦期货合约，进行跨市套利。一个月后，两个交易所的期货价格差异恢复正常，交易者在套利交易中获利。具体操作见表 4-6。

表 4-6　跨市套利

交易时间	CBOT	KCBT	价差
7 月 1 日	卖出 12 月份小麦期货合约 1 手，价格 7.7 美元/蒲式耳	买入 12 月份小麦期货合约 1 手，价格 7.5 美元/蒲式耳	0.2 美元/蒲式耳
8 月 1 日	买入 12 月份小麦期货合约 1 手，价格 7.65 美元/蒲式耳	卖出 12 月份小麦期货合约 1 手，价格 7.55 美元/蒲式耳	0.1 美元/蒲式耳
结果	0.05 美元/蒲式耳	0.05 美元/蒲式耳	0.1 美元/蒲式耳

3. 跨商品套利

跨商品套利是指利用两种不同的，但相互关联的商品之间的期货合约价格差异进行套利交易，即买入某一交割月份某种商品的期货合约，同时卖出另一相同交割月份、相互关联的商品期货合约，以期在有利时机同时将这两种合约对冲平仓获利。

跨商品套利必须具备以下条件：一是两种商品之间应具有关联性与相互替代性；二是交易受同一因素制约；三是买进或卖出的期货合约通常在相同的交割月份。

燕麦/玉米套利是比较流行的一种跨商品套利。燕麦、玉米有着大致相同的价格变动趋势。燕麦和玉米都是重要的粮食作物，同时也都可用作饲料原料，由于用途基本相同，价格变动的趋向也基本相同，表现为大趋势上同升同降，这使跨商品套利成为可能。套利的基本策略是，若两商品期货的价差为正，当预计价差扩大时，入市买进价高商品期货，同时卖出价低商品期货；当预计价差缩小时，则可采用相反的策略，即入市时卖出价高商品期货，同时买进价低商品期货。

【例 4-6】　燕麦和玉米价差变化有一定的季节性，一般而言，燕麦价格高于玉米价格，每年 5 月、6 月、7 月是燕麦收割季节，燕麦价格降低会引起价差缩小，每年 9 月、10 月、11 月是玉米收获季节，玉米价格下降会引起价差扩大。某套利者认为今年燕麦和玉米会遵循这一规律，于是进行套利。具体操作见表 4-7。

表 4-7　跨商品套利

交易时间	燕麦期货	玉米期货	价差
7 月 1 日	买入 12 月份期货合约 1 手，价格 4.55 美元/蒲式耳	卖出 12 月份期货合约 1 手，价格 3.24 美元/蒲式耳	1.31 美元/蒲式耳
8 月 1 日	卖出 12 月份期货合约 1 手，价格 4.77 美元/蒲式耳	买入 12 月份期货合约 1 手，价格 3.36 美元/蒲式耳	1.41 美元/蒲式耳
结果	0.22 美元/蒲式耳	-0.12 美元/蒲式耳	0.1 美元/蒲式耳

4. 跨期套利

跨期套利是指利用同一交易所、同种商品的近月合约与远月合约的不合理价差进行的套利交易。跨期套利最常见的三种交易形式是：牛市套利、熊市套利和蝶式套利。

（1）牛市套利。

牛市套利，即买近卖远，指套利者买入近月合约的同时卖出远月合约，在未来将二者同时平仓结束套利。在价格看涨的市场上，如果近期月份合约价格的上升幅度大于远期月份合约上涨幅度，在价格看跌的市场上，如果近期月份合约价格的跌幅小于远期月份合约价格下跌幅度，交易者可以通过买入近期月份合约的同时卖出远期月份合约而进行牛市套利。

【例 4-7】　在 3 月份的时候，某套利者认为 7 月份大豆期货合约和 11 月份大豆期货合约的价差水平异常，预期未来现货大豆价格看涨会带动期货价格上涨，且 7 月大豆期货价格将比 11 月大豆期货价格上涨更快，于是决定买进 7 月份期货合约，卖出 11 月份期货合约进行牛市套利。具体见表 4-8。

表 4-8　牛市套利

交易时间	7 月份大豆期货合约	11 月份大豆期货合约	价差
3 月 8 日	买入 7 月份期货合约 1 手，价格 5.65 美元/蒲式耳	卖出 11 月份期货合约 1 手，价格 5.01 美元/蒲式耳	0.64 美元/蒲式耳
5 月 10 日	卖出 7 月份期货合约 1 手，价格 5.95 美元/蒲式耳	买入 12 月份小麦期货合约 1 手，价格 5.14 美元/蒲式耳	0.81 美元/蒲式耳
结果	0.30 美元/蒲式耳	-0.13 美元/蒲式耳	0.17 美元/蒲式耳

（2）熊市套利。

熊市套利，即卖近买远，指套利者卖出近月合约的同时买入远月合约，在未来将二者同时平仓结束套利。熊市套利在做法上正好与牛市套利相反。在价格看涨的市场上，如果近期月份合约价格的上升幅度小于于远期月份合约上涨幅度，在价格看跌的市场上，如果近期月份合约价格的跌幅大于远期月份合约价格下跌幅度，交易者可以通过卖出近期月份合约的同时买入远期月份合约而进行熊市套利。

【例4-8】 在2月份的时候，某套利者认为5月份大豆期货合约和7月份大豆期货合约的价差水平异常，预期未来大豆期货合约价格下降，且5月大豆期货价格将比7月大豆期货价格下降更快，于是决定卖出5月份期货合约，买进7月份期货合约进行熊市套利。具体见表4-9。

表4-9   熊市套利

交易时间	5月份大豆期货合约	7月份大豆期货合约	价差
2月10日	卖出5月份期货合约1手，价格5.65美元/蒲式耳	买进7月份期货合约1手，价格5.90美元/蒲式耳	-0.25美元/蒲式耳
3月20日	买入5月份期货合约1手，价格5.35美元/蒲式耳	卖出7月份小麦期货合约1手，价格5.85美元/蒲式耳	-0.5美元/蒲式耳
结果	0.30美元/蒲式耳	-0.05美元/蒲式耳	0.25美元/蒲式耳

（3）蝶式套利。

牛市套利和熊式套利同时买卖两个合约，即近月合约和远月合约，而蝶式套利在牛市套利和熊市套利的基础上，将两种套利结合起来进行套利，由两个方向相反、共享居中交割月份合约的跨期套利组成。蝶式套利的原理是套利者认为中间月份合约的价格相对于两旁合约来说，一边表现价差过小，一边却表现为价差过大，未来能够趋向正常。

【例4-9】 1月5日，某套利者打算在上海期货交易所进行跨期套利，他观察到7月份、8月份、9月份的铜期货合约价格分别为36 700元/吨、36 860元/吨和36 920元/吨。某交易者认为7月份和8月份之间的价差过大，而8月份和9月份之间的价差过小，预计7月份和8月份的价差会缩小，而8月份与9月份的价差会扩大，于是该交易者以该价格买入5手7月份合约，卖出10手8月份合约，同时买入5手9月份铜期货合约。到了2月18日，三个合约的价格均出现不同幅度的下跌，7月份、8月份和9月份的合约价格分别跌至36 650元/吨、36 750元/吨和

36 850 元/吨，于是该交易者同时将三个合约平仓。在该蝶式套利操作中，套利者的盈亏状况见表 4-10。

表 4-10　蝶式套利

交易时间	7 月份铜期货合约	8 月份铜期货合约	9 月份铜期货合约
1 月 5 日	买入 7 月份期货合约 5 手，价格 36 700 元/吨	卖出 8 月份期货合约 10 手，价格 36 860 元/吨	买入 9 月份期货合约 5 手，价格 36 920 元/吨
2 月 18 日	卖出 7 月份期货合约 5 手，价格 36 650 元/吨	买入 8 月份期货合约 10 手，价格 36 750 元/吨	卖出 9 月份期货合约 5 手，价格 36 880 元/吨
结果	亏损 50 元/吨	盈利 110 元/吨	亏损 40 元/吨

○ 本章小结

- 套期保值是买进（或卖出）与现货数量相等但交易方向相反的期货合约，以期在未来某一时间再通过平仓获利来抵偿因现货市场价格变动带来的实际价格风险。

- 套期保值之所以能够规避价格风险，是因为对于同一品种的商品，其期货价格与现货价格受到大体相同的因素影响和制约，虽然波动幅度会有不同，但其价格的变动趋势和方向有一致性，所以套期保值者在期货市场上建立与现货市场交易相反的头寸。无论市场价格朝哪个方向变动，两个市场的盈亏均能对冲，实现保值。

- 套期保值不会使交易者获得最大收益，因为一个市场获得的利润会被另一个市场的损失抵消。

- 空头套期保值是指交易者在现货市场已持有现货商品，但担心将来因现货价格下跌而遭受损失，所以在期货市场卖出相当于现货头寸的期货合约，而后在期货合约到期之前买入该期货合约对冲平仓，以期在期货合约上的盈利对冲现货市场的损失。

- 多头套期保值是指交易者目前没有持有现货，但是他将来需要购买或拥有现货，但担心将来因现货价格上升而遭受损失，所以在期货市场买进相当于现货头寸的期货合约，而后在期货合约到期之前卖出该期货合约对冲平仓，以期在期货合约上的盈利对冲现货市场的损失，其目的主要是锁定现货的购买成本。

- 套期保值最优合约数量的确定有最小风险对冲比率法和完全对冲法。

- 基差是某一特定地点，某种商品或资产的现货价格与相同商品或资产的某一特定期货合约价格间的价差。

- 对于空头套期保值而言，基差增强会加强保值的作用，出现有盈保值；而基差减弱则削弱保值的作用，出现减亏保值。
- 对于多头套期保值而言，基差增强会削弱保值的作用，出现减亏保值；而基差减弱则增强保值的作用，出现有盈保值。
- 期货投机交易指在期货市场上以获取价差收益为目的的期货交易行为。
- 期货投机与套期保值在交易方式、交易目的、承受风险、参与市场等方面存在不同。
- 套利交易也叫价差交易，是指在买入或卖出某种期货合约的同时，卖出或买入相关的另一种合约，并在某个时间将两种合约同时平仓的交易方式。
- 从套利交易的操作方式来看，套利可以分为期现套利、跨期套利、跨商品套利和跨市套利。

○ 课后习题

1. 简述套期保值的基本原理。
2. 简述空头套期保值、多头套期保值的含义及适用情况。
3. 阐述基差的含义并分析其变化对套期保值结果的影响。
4. 简述套利交易的基本原理。
5. 对于下列情况，请确定使用多头套期保值还是空头套期保值，并说明理由。
   a. 某公司预期 3 个月后发行股票。
   b. 投资者计划 30 天后买进债券。
   c. 某银行持有另一家银行发行的浮动利率债券。
   d. 某公司计划两个月后借款。
6. 一个航空公司主管有以下观点："对冲航空燃料价格毫无意义，将来油价比期货价格低的情形与油价比期货价格高的情形有同样的可能性。"请讨论该主管的观点是否正确，并说明理由。
7. "在期货市场投机就是纯粹的赌博，为了公众利益不应该让投机者在交易所交易期货。"这种观点是否正确，为什么？
8. 什么是完美的套期保值？一个完美的套期保值一定好过不完美的套期保值吗？
9. 假设某商品价格每季度变化的标准差为 0.55，商品的期货价格每季度变化的标准差为 0.78，两种价格变化之间的相关系数为 0.8，这时一份 3 个月期合约的最佳对冲比率是多少？其含义是什么？

10. 玉米现货价格的月变化标准差为 1.2，玉米期货价格的月变化标准差为 1.6，期货价格变化和现货价格变化的相关系数为 0.8。当前是 8 月 15 日，一个农场主必须在 9 月 15 日卖出 200 000 蒲式耳的玉米，这一农场主想用 10 月到期的期货合约来对冲其风险，玉米期货合约面值为 5 000 蒲式耳。

　　该农场主应该采用什么样的套期保值策略，买卖的合约数量是多少？

第5章
CHAPTER5

金融期货交易

✵ 学习目标

- 掌握外汇期货的含义，熟悉外汇期货的交易规则。

- 熟练运用外汇期货的套期保值交易策略。

- 掌握利率期货的含义，了解短期利率期货与长期利率期货的种类。

- 掌握利率期货的交易规则，理解基于久期的利率期货套期保值。

- 掌握股票指数期货合约的含义及交易规则。

- 熟练运用股票指数期货进行套期保值交易。

5.1　外汇期货交易

5.1.1　外汇期货的含义

外汇期货(foreign exchange future)也称货币期货(currency future)，是指交易双方约定在未来特定的时期，依据现在约定的汇率，以一种货币交换另一种货币，并对交易币种、合约金额、交易时间、交割月份及交割地点等内容统一规定的标准化合约。外汇期货交易是指在固定的期货交易所内，通过公开竞价的方式买进或卖出外汇期货合约。

外汇期货是金融期货中出现最早的品种，比利率期货、股指期货都早。1973年年初由于布雷顿森林体系崩溃，固定汇率制度瓦解，各国纷纷采取浮动汇率，使得汇率风险大增。芝加哥商业交易所(CME)的国际货币市场部分(IMM)于1972年5月16日开始推出英镑、加元、马克、日元、瑞士法郎等五种外汇期货，提供规避外汇风险的另一通道，而后在欧洲、亚洲各地的期货交易所陆续推出外汇期货交易。除了CME的外汇期货交易外，全世界目前主要的外汇期货交易所还包括芝加哥期货交易所、伦敦国际金融期货交易所、新加坡国际金融交易所、香港交易所等。

目前，芝加哥商业交易所是品种最齐全的外汇期货交易所，外汇期货品种有12类。全球范围内已经有8个国家或地区上市了人民币外汇期货。其中包括美国芝加哥商业交易所、欧洲交易所、新加坡交易所、香港交易所、台湾期货交易所、南非约翰内斯堡证券交易所、巴西商品期货交易所和莫斯科交易所。

5.1.2　外汇期货的交易规则

外汇期货为标准化合约，每个交易所对外汇期货合约的交易币种、数量、交割月份、交易时间等都做了统一规定。以芝加哥商业交易所为例，外汇期货合约的具体规定如下。

1. 交易币种

芝加哥商业交易所是外汇期货的发源地，也是目前品种最齐全的外汇期货交易所。芝加哥商业交易所所现有的外汇期货品种有 12 类，分别是澳元/美元（AD）、加元/美元（CD）、瑞士法郎/美元（SF）、欧元/美元（EC）、英镑/美元（BP）、日元/美元（JY）、新西兰元/美元（NE）、标准美元/离岸人民币（CNH）、电子微型美元/离岸人民币（MNH）、标准美元/人民币（CNY）、电子微型美元/人民币（MNY）、E-微型欧元/美元（M6E）。

2. 交易单位

外汇期货的交易单位（即合约规模）以各种货币某一特定的数量来表示。CME 各种外汇期货合约规模见表 5-1。

表 5-1　CME 各种外汇期货合约规模

期货合约品种	合约规模	期货合约品种	合约规模
澳元/美元（AD）	100 000 澳元	新西兰元/美元（NE）	100 000 新西兰元
加元/美元（CD）	100 000 加元	标准美元/离岸人民币（CNH）	100 000 美元
瑞士法郎/美元（SF）	125 000 瑞士法郎	电子微型美元/离岸人民币（MNH）	10 000 美元
欧元/美元（EC）	125 000 欧元	标准美元/人民币（CNY）	100 000 美元
英镑/美元（BP）	62 500 英镑	电子微型美元/人民币（MNY）	10 000 美元
日元/美元（JY）	12 500 000 日元	E-微型欧元/美元（M6E）	12 500 欧元

3. 标价方式

在 CME 的外汇期货市场，除了人民币的期货合约，其他外汇期货统一以每种外币折合多少美元标价，报价采取小数形式，小数点后一般是四位数（日元例外，虽然日元期货也是以四位数的形式报价，但实际上省略了两位数，如报价为 0.472 8，则实际价格为 0.004 728）。例如 2016 年 4 月 18 日，英镑期货（BP）2016 年 6 月到期的合约价格为 1.428 9，即 1 英镑等于 1.428 9 美元。

4. 最小变动价位

通常我们把外汇市场所报出的外汇汇率中间价位变动的最后一位称为"点"，即 0.000 1 为 1 个点，如果汇率由 1.425 0 上升为 1.428 5，则汇率上升了 35 个点。对日元而言，0.000 001 为 1 个点。

外汇期货的最小变动价位是指每一单位标的货币的汇率变动一次的最小幅度。这一最小幅度与交易单位的乘积便是每份外汇期货合约的最小变动值。例如，澳元期货（AD）的最小变动价位是 0.000 1 美元/澳元，即汇率变动一个点，则每张合约的最小变动值为 10 美元。

5. 合约月份和最后交易日

CME 的大多数外汇期货合约的合约月份为每年的 3 月、6 月、9 月、12 月，合约的最后交易日为合约月份的第三个星期三之前第二个营业日。

表 5-2 是 CME 英镑(BP)期货合约的具体内容。

表 5-2　英镑期货(BP)

合约规模	62 500 英镑
合约月份	20 个季度合约(合约到期月份为 3 月、6 月、9 月、12 月)
结算流程	实物交割
持仓限制	10 000 份合约
行情代码	CME Globex 电子市场：6B 公开喊价(仅整批委托)：BP AON 合约代码：LP
最小价格增幅	$0.000 1/英镑增幅($6.25/份)
交易时间	Globex (美国日间及隔夜交易时间)	周日至周五：17:00～次日16:00(美中时间)，除了周五16:00收市并于周日17:00开市
	CME ClearPort	周日至周五：17:00～16:00(美中时间)，在此期间每天自16:00美中时间起休市45分钟
	公开喊价	7:20～14:00(美中时间)
最后交易日/时间	时间：9:16美中时间 日期：合约月份的第三个星期三之前第二个营业日(通常是周一)
交易所规则	这些合约按照 CME 规则和条例挂牌交易并受其约束
大宗交易资格	是
大宗交易最低门槛	100 份合约

5.1.3　外汇期货的套期保值交易

在国际贸易和跨国经营中，贸易厂商、银行、外汇持有者等都面临汇率变动的风险。为了规避外汇风险，可以利用外汇期货进行套期保值。与商品期货套期保值相似，外汇期货套期保值可以分为空头套期保值和多头套期保值。那么，交易者如何判断应该做空头套期保值还是多头套期保值？即现在是卖出外汇期货合约还是买入外汇期货合约？

1. 套期保值策略的选择

假设一个交易者决定用外汇期货来对冲汇率变动风险，他首先面临的问题就是应该买入还是卖出外汇期货合约。选择外汇套期保值策略遵循的原则是：

(1) 如果交易者需要在未来的某个日期用美元买入一种货币，采取的步骤如下。

第一步，现在买入适当的外汇期货合同，进行多头套期保值。

第二步，在将来实际买入货币的当天出售相同数目的期货合同来平仓。

外汇现货市场　　　现在　　　　　　　　　　　　未来

行动：　　　　　不采取行动　　　　　　　　　买入外汇

期货市场　　　　　现在　　　　　　　　　　　　未来

行动：　　　　　买入期货　　　　　　　　　　售出期货

（2）如果交易者需要在未来的某个日期出售某种货币并购入美元，应采取下列步骤。

第一步，现在卖出适当的外汇期货合同，进行空头套期保值。

第二步，在将来实际卖出货币的当天买入相同数目的期货合同来平仓。

外汇现货市场　　　现在　　　　　　　　　　　　未来

行动：　　　　　不采取行动　　　　　　　　　卖出外汇

期货市场　　　　　现在　　　　　　　　　　　　未来

行动：　　　　　卖出期货　　　　　　　　　　买入期货

【例 5-1】　一家美国公司 3 个月后要收到 300 万欧元的股息，并想把这笔钱换成美元。它在期货市场上应当如何操作来防范汇率变动风险？

3 个月后，美国公司收到股息时，如果没有其他用途，它将要把收到的 300 万欧元的股息兑换成美元，即将来要出售欧元，买入美元。为了对冲汇率变动的风险，使欧元对美元的汇率保持不变，则：

第一步，现在出售欧元期货合约，欧元期货合约的标准数量为 12.5 万欧元，所以现在出售 24 份欧元期货合约。

第二步，在将来实际出售欧元的当天买入 24 份欧元期货合同来平仓。

2. 套期保值合约数量的确定

在例 5-1 中是一家美国公司未来收到欧元，希望对冲未来欧元兑换美元的汇率风险，则买卖的期货合约数是预保值的欧元数量除以欧元期货的标准数量（300/12.5 = 24 份）。但是对于非美国公司，就会产生这样一个问题：如果未来是美元收款或付款，应使用多少份期货合约进行保值？通常的方法是按照期货合同中隐含的汇率（即今天的合同价格）将其转换成其他货币，再计算合约数量，期货买卖必须是整数的合同，因此计算结果要四舍五入。

【例 5-2】 一家英国公司预期在 6 个月后会从客户处收到 500 万美元的进款。它如何通过期货市场对冲其收款风险？当前的即期汇率是 1 英镑 = 1.431 0 美元，相关的英镑期货合同的交易价为 1 英镑 = 1.427 5 美元。如果 6 个月后的即期汇率是 1 英镑 = 1.480 0 美元，期货价格是 1 英镑 = 1.479 0 美元，该公司该采用何种套期保值策略对冲汇率风险？

由于英国公司 6 个月后会收到 500 万美元，并要将其兑换成英镑，即将来卖出美元，买入英镑，为了对冲汇率变动的风险，使英镑对美元的汇率保持不变，则：

第一步，现在买入英镑期货合约，使用现在期货合同的价格导出的 500 万美元的当前英镑价值为 3 502 627（= 5 000 000/1.427 5）。因为英镑期货合约的标准数量是 62 500 英镑，所以应当买入的合约份数是 56 份（3 502 627/62 500 = 56.04 份，四舍五入就是 56 份）。

第二步，在将来实际出售美元的当天卖出 56 份英镑期货合同来平仓。

练习与思考 ●●●●●·

一家美国公司 70 天后要收到 300 万瑞士法郎的股息，并想把这笔钱换成美元。请问：它在期货市场上应当如何操作来防范货币风险？

【答案】

（a）70 天后美国公司想出售瑞士法郎并买入美元。它应当现在出售瑞士法郎的期货，并在 70 天后实际出售瑞士法郎时将其购回。

（b）合同的标准数量是 12.5 万瑞士法郎，所以现在要出售 24 份合同，并在以后购回它们以便平仓。

3. 套期保值策略的运用

（1）空头套期保值策略。

有某种外币收入的美国保值者和有美元支出的非美国保值者可以通过出售该种外币期货合约保值。

【**例 5-3**】　美国某出口商 3 月 10 日向加拿大出口一批货物，价值 500 000 加元，以加元结算，3 个月后收回货款。为防止 3 个月后加元贬值，该出口商拟在 CME 做外汇期货套期保值。出口时和 3 个月后的加元现货和期货价格如下：

	3 月 1 日	3 个月后
加元现货价格	0.849 0 美元/加元	0.846 0 美元/加元
6 月份加元期货价格	0.848 9 美元/加元	0.845 0 美元/加元

由于美国出口商 3 个月后会收到 500 000 加元，并将其出售，买入美元，加元期货合约的标准数量是 100 000 加元，所以现在应当卖出 5 份 6 月期加元期货合约。套期保值过程见表 5-3。

表 5-3　空头套期保值

交易时间	现货市场	期货市场
3 月 1 日	预计 3 个月后收到 500 000 加元，按现汇汇率 0.849 0 美元/加元，500 000 加元可折合 424 500 美元，公司担心未来加元贬值	卖出 5 份 6 月期加元期货合约价格：0.848 9 美元/加元
3 个月后	收到 500 000 加元，按现汇汇率 0.846 0 美元/加元，500 000 加元可折合 423 000 美元	买入 5 份 6 月期加元期货合约价格：0.845 0 美元/加元
盈亏状况	亏损 1 500（ =423 000 – 424 500）美元	盈利 1 950（ =39 ×10 ×5）美元
总体盈亏	净盈利 450（ =1 950 – 1 500）美元	

（2）多头套期保值策略。

有某种外币支出的美国保值者和有美元收入的非美国保值者可以通过购买该种外币期货合约保值。

【**例 5-4**】　美国某进口商 2 月 10 日从英国购进价值 250 000 英镑的一批货物，1 个月后需以英镑支付货款。2 月 10 日现汇汇率为 1.603 8 美元/英镑，为防止英镑升值而使进口成本增加，该进口商决定买入英镑期货合约进行套期保值，英镑期货合约的标准数量单位是 62 500 英镑，价格为 1.625 8 美元/英镑，则该进口商买入 4（ =250 000/62 500）份英镑期货合约，1 个月后英国英镑果然升值，3 月 10 日现汇汇率为 1.687 5 美元/英镑，3 月期英镑期货合约价格是 1.703 6 美元/英镑。交易过程见表 5-4。

表 5-4　多头套期保值

交易时间	现货市场	期货市场
2 月 10 日	预计 1 个月后支付 250 000 英镑，按现汇汇率 1.603 8 美元/英镑，购买 250 000 英镑需要 400 950 美元，公司担心未来英镑升值	买入 4 份 3 月期英镑期货合约价格：1.625 8 美元/英镑
3 月 10 日	购买 250 000 英镑，按现汇汇率 1.687 5 美元/英镑，需要 421 875 美元	卖出 4 份 3 月期英镑期货合约价格：1.703 6 美元/英镑
盈亏状况	亏损 20 925（ = 400 950 – 421 875）美元	盈利 19 450（ = 778 × 6.25 × 4）美元
总体盈亏	净损失 1 475（ = 20 925 – 19 450）美元	

5.2　利率期货交易

5.2.1　利率期货的含义

利率期货（interest rate future）是指由交易双方签订的，约定在将来某一时间按双方事先商定的价格，交割一定数量的以债券类证券为标的物的标准化期货合约。利率期货可以被用于规避银行利率波动所引起的证券价格变动的风险。

利率期货合约最早于 1975 年 10 月由芝加哥期货交易所推出，在此之后利率期货交易得到迅速发展。虽然利率期货的产生较外汇期货晚了三年多，但发展速度却比外汇期货快得多，应用范围也远较外汇期货广泛。在期货交易比较发达的国家和地区，利率期货早已超过农产品期货而成为成交量最大的一个类别。在美国，利率期货的成交量甚至已占到整个期货交易总量的一半以上。由于利率期货，美国国债市场规模大幅上升。

由于设计、需求等各方面的因素，并非所有推出的利率期货合约都获得成功。在现存的众多利率期货品种中，交易呈现集中的趋势。以美国为例，目前几乎所有重要的、交易活跃的利率期货都集中在两个交易所：芝加哥期货交易所和芝加哥商业交易所国际货币市场分部。这两个交易所分别以长期利率期货和短期利率期货为主。在长期利率期货中，最有代表性的是美国长期国库券期货和 10 年期美国中期国库券期货，短期利率期货的代表品种则是 3 个月期的美国短期国库券期货和 3 个月期的欧洲美元定期存款期货。

5.2.2　短期利率期货的种类及交易规则

短期利率期货是指期货合约标的的期限在一年以内的各种利率期货，即以货币市场的各类债务凭证为标的的利率期货均属短期利率期货，包括各种期限的商业票据期货、国库券期货及欧洲美元定期存款期货等。这里主要介绍短期利率期货的代表品种：3 个月期的美国短期国库券期货合约和 3 个月期的欧洲美元期货合约。

1. 美国短期国库券期货合约

具有代表性的美国短期国库券期货合约是 CEM 上市的 13 周国库券期货，它产生于 1976 年 11 月，该合约一经推出就立即得到迅速的发展。由于该国库券由美国财政部发行，具有信用等级高、流动性强、交割方便等特点，而且国库券理论与货币市场上其他债务凭证的利率有高度的相关性，不仅可以为国库券现货实行直接套期保值，还可以为货币市场上的其他债务凭证实行交叉套期保值，因此该品种一直是交易活跃的短期利率期货。

以 IMM(国际货币市场)交易的 13 周美国政府国库券期货合约为例，其标准化合约的各项具体规定见表 5-5。

表 5-5　IMM 13 周国库券期货合约

交易单位	1 000 000 美元面值的 3 个月美国政府短期国库券
报价方式	指数报价，即 100 减去短期国库券年贴现率分子的差(例如年贴现率为 3.25%，期货报价表示为 96.75)
最小变动价位	0.005 点
最小变动值	12.5 美元
每日波动限价	无
合约月份	3 月、6 月、9 月、12 月
交易时间	芝加哥时间上午 7:20 ~ 下午 2:00
最后交易日	交割日前 1 天
交割日	交割月份中 1 年期国库券尚余 13 周期限的第 1 天
交割等级	还剩余 90、91 或 92 天期限，面值为 1 000 000 美元的短期国库券

（1）标的资产与交割券的种类。

IMM 13 周国库券期货合约的标的资产为面值 1 000 000 美元的 3 个月期的美国政府国库券，合约月份则为每年的 3 月、6 月、9 月和 12 月。但根据 IMM 的规定，合约到期时，卖方必须在 3 个连续的营业日内完成交割，可用于交割的既可以是新发行的 3 个月期(即 13 周)的国库券，也可以是尚有 90 天剩余期限的原来发行的 6 个月期或 1 年期的国库券，从而扩大了可交割债券的范围，使可用于交割的现货国库券的供给更加充裕，以确保交割的顺利完成。

（2）短期国库券以及短期国库券期货的报价。

美国政府的短期国库券通常采用贴现方式发行。短期国库券的报价则采用贴现率（discount rate）的方式。例如，面值为 100 美元、期限为 90 天的短期国库券，发行现金价格为 98 美元，贴现率 8%，则短期国库券的报价为 8。一般而言，美国短期国库券的现金价格与报价的关系如下：假定 Y 是面值为 100 美元、距到期日还有 n 天的短期国库券的现金价格，其报价公式为：

$$P = \frac{360}{n}(100 - Y) \tag{5-1}$$

其中：P 为报价，Y 为发行现金价格，n 为短期债券以日历天数所计量的剩余天数。

对于一个的面值为 100 美元、期限为 90 天的美国短期国库券来说，如果现货价格为 98，则报价就为 $8.00\left[=\frac{360}{90}(100-98)\right]$，也就是说该短期国库券的贴现率为 8%，它是短期国库券提供的以年来计算的美元收益占面值（非发行价格）的百分比。注意，此处的贴现率与短期国库券实际获得的收益率并不相同。收益率是以美元收益除以成本来计算的，因此，前例的收益率应为 2/98，即每 90 天的收益率为 2.04%，年收益率为 8.16%。

短期国库券期货的报价方式则不同于短期国库券本身的报价方式。IMM 90 天国库券期货通常采用 IMM 指数报价方式。所谓 IMM 指数（IMM Index），是 100 与贴现率的分子（短期国库券的报价）的差。例如，上例中国库券的贴现率为 8%，该种国库券的期货报价就为 92（= 100 − 8），也就等于 100 减相应的短期国库券的报价。之所以采用这种报价方式，其原因主要有两点：一是为了使期货报价与交易者习惯的低买高卖相一致；二是为了使 IMM 指数的变动方向与短期金融证券的价格变动方向相一致。

如果 Z 是短期国库券期货的报价，Y 是期货合约的现金价格，这意味着：

$$Z = 100 - \frac{360}{n}(100 - Y) \tag{5-2}$$

或等价于：

$$Y = 100 - \frac{n}{360}(100 - Z) \tag{5-3}$$

因此，若短期国库券期货收盘报价为 95.05，则对应的每张面值为 100 美元的 90 天期国库券期货的价格就为 98.762 5[= 100 - 1/4 × (100 - 95.05)]美元，即合约的总价值为 987 625 美元(标准合约的面值 = 1 000 000 × 98.7625 ÷ 100)。

如果交割的短期国库券距到期日还有 91 天或 92 天，将上式中的 n 替换成相应的天数即可。

（3）基本点。

IMM 13 周国库券期货的最小变动价位和每日波动限价用"基本点"来表示。所谓"基本点"(basic point)，是指 1 个百分点的百分之一。表 5-5 中最小变动价位栏里的 0.000 05 点所代表的最小变动价位就为 0.5 个基本点，即贴现率变动的最小幅度为 0.005%，交易单位为 1 000 000 美元的 3 个月期国库券期货合约的最小变动值，即刻度值为 12.5(= 1 000 000 × 3/12 × 0.005%)美元。当短期国库券期货报价增长一个基点时，持有合约头寸的多头交易者将获益 25(= 1 000 000 × 3/12 × 0.01%)美元。例如，当交割价格从 97.25 变为 97.36 时，价格变动了 11 个基点，多头交易者每份合约的收益为 275(= 25 × 11)美元。

2. 欧洲美元期货合约

所谓欧洲美元，是指存放于美国境外的非美国银行或美国银行设在境外的分支机构的美元存款。与短期国库券期货合约不同，IMM 欧洲美元期货的交易对象不是债券，而是存放于伦敦各大银行的欧洲美元定期存款，其利率主要基于 3 个月期的伦敦同业拆借利率(LIBOR)，通常会高于相应期限的短期国债利率。原因是欧洲美元利率是商业利率，而美国短期国债利率是美国政府借款的利率。欧洲美元期货合约自诞生以来，发展迅速，其交易量很快就超过了短期国库券期货合约，成为短期利率期货中交易最活跃的一个品种。

以 IMM(国际货币市场)交易的 3 个月欧洲美元期货合约为例，其标准化合约的各项具体规定见表 5-6。

表 5-6　IMM 3 个月欧洲美元期货合约

交易单位	本金为 1 000 000 美元，期限为 3 个月的欧洲美元定期存款
报价方式	指数报价，即 100 减去收益率分子的差(例如年利率为 2.5%，期货报价表示为 97.5)
最小变动价位	0.01 点
最小变动值	25 美元
每日波动限价	无限制
合约月份	3 月、6 月、9 月、12 月

（续）

交易时间	芝加哥时间周一至周五上午 7：20～下午 2：00
最后交易日	从合约月份第三个星期三往回数的第二个伦敦银行工作日；若该日为纽约或芝加哥银行的假日，则最后交易日为合约月份第三个星期三往回数的第一个伦敦银行工作日
交割方式	现金结算

（1）标的资产与交割方式。

与短期国债期货不同，欧洲美元期货的交易对象不是债券，而是存放于美国境外各大银行的本金为 1 000 000 美元，期限为 3 个月的欧洲美元定期存款。由于欧洲美元定期存款无法转让，也不能作为贷款的抵押品或担保物，因此欧洲美元期货合约在到期时无法进行实物的交割，而是采用现金结算的方式来结清头寸。即期货合约到期时不进行实物交割，而是根据最后交易日的结算价格计算交易双方的盈亏，并直接划转双方的保证金以结清头寸。

（2）欧洲美元期货的报价。

与短期国库券期货的报价方式相类似，IMM 交易的 3 个月欧洲美元期货也采用指数报价法。但不同的是，此处用于计算期货报价的"指数"（index）等于 100 与收益率的分子的差，而非贴现率。如果 Z 是欧洲美元期货的报价，则对于合约规模为 1 000 000 美元的 3 个月期欧洲美元期货合约而言，其现金价格等于：

$$10\,000 \times \left[100 - 3/12 \times (100 - Z)\right] \tag{5-4}$$

例如，某 10 月份的欧洲美元期货收盘报价为 98.85，则对应的每份合约的价格为：

$$10\,000 \times \left[100 - 3/12 \times (100 - 98.85)\right] = 997\,125（美元）$$

（3）基本点。

同短期国库券期货合约一样，IMM 欧洲美元期货的最小变动价位也是用"基本点"来表示。表 5-6 中最小变动价位栏里的 0.01 点所代表的最小变动价位就为 1 个基本点，即年收益率变动的最小幅度为 0.01%，交易单位为 1 000 000 美元的 3 个月期欧洲美元期货合约的最小变动值，即刻度值为 25（＝1 000 000 × 3/12 × 0.01%）美元。同样，当欧洲美元期货报价增长 1 个基本点时，持有合约头寸的多头交易者将获益 25 美元。

练习与思考 ●●●● ➤

一家美国跨国公司财务主管需要保护一笔未来 5 000 万美元的存款。这笔资金是一笔撤资，预期在 9 月中旬文书工作完成后收到。当收到这笔资金后，财务主管会把它投资为 3 个月的存款。这家公司担心在 5 月至 9 月间美元利率会下降，那样对公司是很不利的。现在的 3 个月期美元存款利率是 3.3%。财务主管相信未来利息会下降。9 月份的欧洲美元期货合约现在的价格是 96.88，其隐含的远期利率是 3.12%。市场已经预期到利率的下降，因此财务主管决定利用期货对冲风险。

（a）展示如何利用期货来进行套期保值。

（b）如果到 9 月时，平仓欧洲美元期货的价格为 97.00，计算期货交易的盈亏。

（c）3 个月后，公司按照 3 个月期 3% 的利率做了 3 个月的存款，考虑到期货对冲交易，公司实际存款的利率为多少？

【答案】

（a）5 月财务主管应以现价 96.88 买入 50 份欧洲美元期货。

（b）9 月平仓时卖出 50 份欧洲美元期货，价格 97.00，则每份合约上升 12 个基本点（97.00 − 96.88），期货交易的收益为：

$$50 \times 12 \times 25 = 15\ 000（美元）$$

（c）3 个月后财务主管本来可以按 3.12% 的利率存款，应收的利息为：

$$50\ 000\ 000 \times 90/360 \times 3.12\% = 390\ 000（美元）$$

财务主管真实的存款利率为 3.00%，收到的利息为：

$$50\ 000\ 000 \times 90/360 \times 3.00\% = 375\ 000（美元）$$

两种利率情况下的利息差为 15 000 美元。由于期货市场产生了 15 000 美元的收益，抵销了应收利息的差额，最终将公司的实际利率锁定在 3.12%，这个对冲是完美的。

5.2.3　长期利率期货的种类及交易规则

长期利率期货是指期货合约标的的期限在一年以上的各种利率期货，即以资本市场的各类债务凭证为标的的利率期货均属长期利率期货，包括各种期限的中长期国库券期货和市政公债指数期货等。中期与长期国债期货合约在本质上非常相似，区别是中期国债期货包括 2 年期、5 年期和 10 年期三种国债；而长期国债期货交易的国债至少是 15 年期，并且至少在 15 年内不能要求偿还。

利率期货是在 20 世纪 70 年代美国金融市场不稳定的背景下，为满足投资者规避利率风险的需求而产生的。30 年期国债期货最初于 1977 年在芝加哥期货交易所推出。多年来，随着 10 年期、5 年期、2 年期国债以及 30 年期"超长"国债期货的相继推出，产品线得到不断扩充。国际范围内的机构与个人投资者利用这些产品减少或承担风险。

1. 美国中长期国债期货合约简介

以 CBOT 交易的中长期国债期货合约为例，其标准化合约的各项具体规定见表 5-7。

表 5-7　CBOT 国债期货合约详细内容 [一]

种类	2 年期中期国债期货	5 年期中期国债期货	10 年期中期国债期货	长期国债期货	超长期国债期货
面额	100 000 美元	100 000 美元	100 000 美元	100 000 美元	100 000 美元
可交割到期期限	$1\frac{3}{4}$ 至 2 年	$4\frac{1}{6}$ 至 $5\frac{1}{4}$ 年	$6\frac{1}{2}$ 至 10 年	15 年至 25 年	25 年至 30 年
合约月份	3 月、6 月、9 月及 12 月				
交易时间	电子交易：下午 5:00 至下午 4:00，周日至周五				
最后交易日和最后交割日	合约月份的最后营业日；交割可在合约月份最后交易日之前的任意一日发生，包括该月的最后一个营业日		交割月份最后交易日之前的第 7 个营业日。到期合约交易在最后一个交易日中午 12:01 终止。日历月的最后营业日		
最低变动价位	1/32 点的 1/4	1/32 点的 1/4	1/32 点的 1/2	1/32 点的 1/4	1/32 点的 1/4
最低变动价值	7.812 5 美元	7.812 5 美元	15.625 美元	7.812 5 美元	7.812 5 美元

由表 5-7 可知，每种美国国债期货合约在到期时的票面价值均为 10 万美元，到期票面价值为 20 万美元的 2 年期美国国债期货合约除外。

每种长期和中期国债期货合约均有相应的一揽子交割用债券，该一揽子交割用债券按到期期限来定义卖方在交割月份可交割给买方的债券范围。例如，5 年期合约可交割成为任一剩余到期期限超过 4 年 2 个月、初定到期期限不超过 5 年 3 个月的美国政府固定票息债券。实际上，大多数参与者是为平仓期货头寸，自 2000 年以来，只有 7% 左右的国债期货头寸在到期时进行实物交割。

2. 美国中长期国债期货的报价

美国期货市场中长期国债期货采用价格报价法，按 100 美元面值的国债期货价格报价，如 98 – 22，表示 $98\frac{22}{32}$，即 98.687 5，根据美国政府债券市场的惯例，期货价格

[一]　http://www.cmegroup.com/cn-s/trading/interest-rates/us-treasury/ultra-t-bond_contract_sp.

的最小变动价位用"点"来表示，$\frac{1}{32}$ 为 1 点，那么长期国债期货价格变动 1 点，例如，由 $98\frac{22}{32}$ 上升到 $98\frac{23}{32}$，则长期国债期货合约价值变动 $31.25\left(=100\,000\div100\times\frac{1}{32}\right)$ 美元。如果期货价格由 $98\frac{22}{32}$ 下降到 $98\frac{12}{32}$，说明价格下降了 10 点，每点的价值是 31.25，则合约价值变化 312.5 $(=31.25\times10)$ 美元。

3. 国债期货的报价与现金价格的关系

长期国债期货的报价与购买者所支付的现金价格并不相同。两者之间的关系为：

$$现金价格 = 报价 + 上一个付息日以来的累计利息 \tag{5-5}$$

例如，假设现在是 2014 年 3 月 5 日，2017 年 7 月 10 日到期，息票利率为 11% 的 5 年期国债的报价为 95—16（即 95.50 美元）。由于美国政府债券均为半年付一次利息，从到期日可以判断，上次付息日是 2014 年 1 月 10 日，下一次付息日是 2014 年 7 月 10 日。由于 2014 年 1 月 10 日到 3 月 5 日之间的天数为 54 天，2014 年 1 月 10 日到 2014 年 7 月 10 日之间的天数为 182 天，每 100 美元面值的债券，在 1 月 10 日和 7 月 10 日支付的利息都是 5.5 美元。2014 年 3 月 5 日的累计利息应该均摊到 7 月 10 日支付给债券持有者息票。因此累计利息等于：

$$54/182 \times 5.5 = 1.63（美元）$$

该 2017 年 7 月 10 日到期的每 100 美元面值国债的现金价格为：

$$95.50 + 1.63 = 97.13（美元）$$

4. 交割券与标准券的转换因子

CBOT 长期国债期货的合约月份为每年的 3 月、6 月、9 月和 12 月。在合约月份的任何一个营业日内，空头方都可以选择进行交割，但必须比实际交割日提前两个营业日向清算所发出交割通知。此外，CBOT 还规定，空头方可以选择期限长于 15 年且在 15 年内不可赎回的任何国债用于交割。由于各种债券息票率不同，期限也不同，因此 CBOT 规定交割的标准券为期限 15 年、息票率为 6% 的国债，其他券种均得按一定的比例折算成标准券。这个比例称为转换因子（conversion factor）。基于转换因子计算债券空方收到的现金为：

$$空方收到的现金 = 期货报价 \times 交割债券的转换因子$$
$$+ 交割债券上次支付息票以来的累计利息 \tag{5-6}$$

其中，转换因子在数值上等于面值为 100 美元的可交割债券在有效期限内的现金流按标准券的息票率(6%，每半年计复利一次)贴现到交割月第一天的价值，再扣掉该债券的累计利息，将所得的余额除以100。在计算转换因子时，债券的剩余期限只取3个月的整数倍，多余的月份舍掉。如果取整数后，债券的剩余期限为半年的倍数，就假定下一次付息是在6个月之后，否则就假定在3个月后付息，并从贴现值中扣掉累计利息，以免重复计算。转换因子通常由交易所计算并公布。

【例5-5】　某一长期国债息票利率为14%，距离到期日还有18年4个月。标准券期货的报价为95–20，息票率为6%，每半年复利一次，求空方用该债券交割应收到的现金。

首先，我们应计算转换因子。根据有关规则，假定该债券距到期日还有18年3个月。这样我们可以把将来息票和本金支付的所有现金流先贴现到距今3个月后的时点上，此时债券的价值为：

$$\sum_{i=0}^{36} \frac{7}{1.03^i} + \frac{100}{1.03^{36}} = 195.03(美元)$$

由于转换因子等于该债券的现值减累计利息，因此我们还要计算195.03美元贴现到现在的价值。由于3个月的利率等于$\sqrt{1.03}-1$，即1.4889%，因此该债券现在的价值为195.03/1.014 889 = 192.17美元。

由于3个月累计利息等于3.5(= 100 × 14% × 3/12)美元，因此转换因子为：

$$(192.17 - 3.5)/100 = 1.886\,7$$

当空方交割债券时，每100美元面值的债券，收到的现金为：

$$(1.886\,7 \times 95.625) + 3.5 = 184.54(美元)$$

因此，期货合约空方交割10万美元面值该债券应收到的现金为184 540美元。

5.2.4　基于久期的利率期货套期保值交易

利用利率期货进行套期保值主要是规避市场利率变动给投资者带来的风险。在实践中，1∶1的套期比率往往并不能达到最好的保值效果。那么，在利率期货市场上进行套期保值，该如何选择最为合适的套期比率呢？这里首先需要了解一个重要的概念——久期。

1. 久期

所谓久期(duration)，用来衡量债券持有者在收到现金付款之前，平均需要等待多长时间。期限为 n 年的零息票债券的久期为 n 年，而期限为 n 年的附息票债券的久期则小于 n 年。

假定现在是 0 时刻，债券持有者在 t_i 时刻收到的现金流为 $c_i(1 \leq i \leq n)$，则债券价格 B 与收益率 y（连续复利）的关系就为：

$$B = \sum_{i=1}^{n} c_i \mathrm{e}^{-yt_i} \tag{5-7}$$

因此，债券久期 D 的定义就为：

$$D = \frac{\sum_{i=1}^{n} t_i c_i \mathrm{e}^{-yt_i}}{B} = \sum_{i=1}^{n} t_i \left[\frac{c_i \mathrm{e}^{-yt_i}}{B} \right] \tag{5-8}$$

可见，久期实际上是付款时间的加权平均值，对应 t_i 时刻的权重就等于该时刻所有支付的现值占债券总现值的比率，权重之和为 1。

2. 基于久期的套期比率

由式(5-7)可知：

$$\frac{\partial B}{\partial y} = - \sum_{i=1}^{n} t_i c_i \mathrm{e}^{-yt_i} \tag{5-9}$$

根据式(5-8)，可知：

$$BD = \sum_{i=1}^{n} t_i c_i \mathrm{e}^{-yt_i}$$

因此，式(5-9)可改写为：

$$\frac{\partial B}{\partial y} = - BD \tag{5-10}$$

Δy 代表 y 的很小变化，ΔB 是相应的在 B 上的极小变化，但是需要注意的是 B 和 y 之间是负相关关系，及债券收益率增加，债券价格降低。由式(5-10)可知：

$$\Delta B = - BD\Delta y \tag{5-11}$$

这是一个主要的方程式，大多数基于久期的对冲策略都基于该式。该式也可以写成：

$$\frac{\Delta B}{B} = - D\Delta y \tag{5-12}$$

这表明债券价格变化的百分比就等于其久期乘以收益曲线的平行增量。

我们用 S 表示需进行套期保值的资产的价值，D_s 表示需进行套期保值的资产的久期，F 表示利率期货合约的价格，D_F 表示期货合约标的资产的久期。假定收益曲线只发生平行移动，则根据式(5-12)，可得一近似公式：

$$\Delta S = -SD_S\Delta y \tag{5-13}$$

通过合理近似，同样可得：

$$\Delta F = -FD_F\Delta y \tag{5-14}$$

假设最优的套期保值比率为 N^*，则为对冲 Δy 的不确定性，套期保值的结果应为：

$$\Delta S + N^*\Delta F = 0 \tag{5-15}$$

因此，对冲所需要的合约数为：

$$N^* = -\frac{SD_S}{FD_F} \tag{5-16}$$

这就是基于久期的套期比率(duration-based hedge ratio)，也称为价格敏感的套期比率(price sensitivity hedge ratio)。运用它可使整个头寸的久期为0。

3. 空头套期保值策略

利率期货空头套期保值是通过期货市场开仓卖出利率期货合约，以期在现货和期货两个市场建立盈亏冲抵机制，规避市场利率上升的风险。

空头套期保值适用的情形主要有：① 持有固定收益债券，担心利率上升，债券价格下跌或者收益率相对下降；② 利用债券融资的筹资人，担心利率上升，导致融资成本上升；③ 资金的借方，担心利率上升，导致借入成本增加。

（1）公司债券发行的套期保值。

大公司为筹集资本会在资本市场发行债券，但是发行前会有一个过渡期用以准备必要的文件以及为派发债券制订一份承销计划，这段时间利率可能上升，该公司不得不折价发行或者调高息票率使其与新的市场收益率保持一致，这样公司就会遭受损失。由于利率上升，利率期货合约的价格就会下降，为避免损失，公司的财务经理会通过出售利率期货合约来规避发行风险。

【例5-6】 2月份，某公司计划于5月22日发行期限为20年的债券筹资500万美元。新债券要求按同类债券近似利率发行，公司现有一个期限约为21年的未偿付待发行债券，其息票率为9.25%，收益率为13.56%。因此，该公司预期债券在5月发行时的息票率为13.56%，从而使得该债券可以平价发售。

由于担心利率上升，公司会遭受损失，于是决定通过出售利率期货合约来规避发行风险。由于不存在公司的债券期货合约，公司只能选择中期国债期货，又由于套期保值将在 5 月 22 日结束，所以公司选取 6 月份合约。表 5-8 阐述了该套期保值的过程。

表 5-8　公司债券发行的套期保值

情景：2 月 22 日某公司计划于 5 月 22 日发行价值 500 万美元，期限 20 年的债券，参考公司现有约 21 年到期未偿付可比债券，该债券将以 13.56% 的息票率发行，每年付息一次，久期为 7.71

日期	现货市场	期货市场
2 月 22 日	如果 5 月发行债券，预期债券将按 13.56% 的息票率以 7.71 的久期平价发行，头寸金额为 5 000 000 美元	6 月中期国债期货价格为 $68\frac{12}{32}$，合约单价为 68 375 美元。期货价格及交割债券的种类隐含的久期为 8.37，则卖出合约的数量近似为：$$N \approx -\frac{7.71}{8.37} \times \frac{5\,000\,000}{68\,375} \approx -67$$ 卖出 67 份合约
5 月 22 日	市场利率上升，可比债券收益率为 15.05%，则息票率为 13.56% 的债券按 90.699 34 美元的价格发行，债券总价值为 4 534 967 美元	6 月中期国债期货价格为 $61\frac{13}{32}$，合约单价为 61 406.25 美元，对冲买入 67 份合约
结果	因利率上升造成的现值损失：4 534 967 - 5 000 000 = -465 033（美元）	期货合约产生的收益：$67 \times (68\,375 - 61\,406.25) = 466\,906.25$（美元）或：$$68\frac{12}{32} - 61\frac{13}{32} = 223/32$$ $67 \times 223 \times 31.25 = 466\,906.25$（美元）

分析：套期保值几乎避免了所有额外增加的成本并带来了 466 906.25 - 465 033 = 1 873.25 美元的净收益。债券有效发行价格是 4 534 967 + 466 906.25 = 5 001 873.25 美元，且此时的收益率为 13.55%

　　当然一旦利率下降，公司可以溢价发行债券，因此获得的收益同样会被期货交易上的损失冲销掉。通过套期保值策略，公司可以在计划发行债券时避免其受利率波动的影响。在规避中长期债券的风险时，期货合约比远期合约使用的频率更高，因为期货市场已经建立了较为完善的体系用以满足套期保值需求。

　　（2）浮动利率贷款的套期保值。

　　利率期货还可以用于对冲浮动利率借款人的利率风险。如果银行要求贷款利率随着市场利率上下浮动，当利率上升时，则借款人的借款成本相应增加。借款人为了规避利率上升带来的损失，可以通过出售利率期货进行套期保值，锁定借款成本。由于借款利率与欧洲美元利率关系比与短期国债利率关系更为密切，因此，通常公司会使用欧洲美元期货对冲利率风险。

　　【例 5-7】　2 月 25 日，某公司从银行贷款 1 000 万美元，期限 3 个月，贷款利率为 1 个月的 LIBOR 加上 100 个基本点。假定月利率等于年利率的 1/12，借款时第 1 个月

LIBOR 是 8%，则公司第 1 个月必须支付的年利率为 9%，第 1 个月的利息为 1 000 × 9%/12 = 7.5 万美元。在贷款商定的时刻，这个利息是确定的，所以不需要套期保值。

第 2 个月月末支付的利息取决于第 2 个月月初的 LIBOR，当利率上升时，公司会有利息损失，反之则会盈利。为了对冲风险，公司可以通过卖出 6 月份的欧洲美元期货合约来对冲风险。设期货的报价为 91.88，根据式(5-4)，合约的价值为：

$$10\ 000 \times [100 - 0.25 \times (100 - 91.88)] = 979\ 700(美元)$$

由于期货合约标的资产的期限为 0.25 年，需套期保值资产的期限为 1 个月，即 0.083 3 年，由式(5-16)可以计算出对冲 2 个月支付利息所需的期货合约数量为：

$$-(0.083\ 3/0.25) \times (10\ 000\ 000/979\ 700) = -3.4$$

四舍五入得合约数量为 3 张。

同理对冲第 3 个月支付利息所需的期货合约数量为：

$$-(0.083\ 3/0.25) \times (10\ 000\ 000/979\ 700) = -3.4$$

四舍五入得合约数量为 3 张。

因此，公司应该卖空 6 张 6 月份到期的欧洲美元期货合约，并在 3 月 25 日买入 3 张期货合约平仓对冲第 2 个月的 LIBOR 利率风险，4 月 25 日再买入 3 张期货合约平仓对冲第 3 个月的 LIBOR 利率风险。具体操作过程见表 5-9。

表 5-9   浮动利率贷款的套期保值

日期	现货市场	期货市场
2 月 25 日	2 月 25 日某公司从银行借入一笔 3 个月期限、价值 1 000 万美元的贷款，1 个月 LIBOR 年利率是 8%，加 100 个基点，则利率为 9%。第 1 个月的利息为 10 000 000 × 9%/12 = 75 000(美元)	卖出 6 份 6 月到期欧洲美元期货，价格为 91.88，合约价值为 10 000 × [100 - 0.25 × (100 - 91.88)] = 979 700(美元)
3 月 25 日	1 个月期 LIBOR 年利率上升为 8.8%，则第 2 个月月末应支付利息 10 000 000 × 9.8%/12 ≈ 81 667(美元)，多支付利息 6 667 美元	买入 3 份 6 月到期欧洲美元期货，由于利率上升，期货价格下降为 91.12，合约价值为 10 000 × [100 - 0.25 × (100 - 91.12)] = 977 800(美元)，则公司在期货合约上获利 3 × (979 700 - 977 800) = 5 700(美元)
4 月 25 日	1 个月期 LIBOR 年利率上升为 9.4%，则第 3 个月月末将多支付利息 10 000 000 × 1.4%/12 ≈ 11 667(美元)	买入 3 份 6 月到期欧洲美元期货，由于利率上升，期货价格下降为 90.16，合约价值为 10 000 × [100 - 0.25 × (100 - 90.16)] = 975 400(美元)，则公司在期货合约上获利 3 × (979 700 - 975 400) = 12 900(美元)
分析：在期货上的获利将补偿额外多支付的利息		

4. 多头套期保值策略

利率期货多头套期保值是通过期货市场开仓买入利率期货合约，以期在现货和期货两个市场建立盈亏冲抵机制，规避市场利率下降的风险。

多头套期保值适用的情形主要有：

（1）计划买入固定收益债券，担心利率下降，导致债券价格上升。

（2）承担按固定利率计息的借款人，担心利率下降，导致资金成本相对增加。

（3）资金的贷方，担心利率下降，导致贷款利率和收益下降。

假设现在是 4 月 5 日，某基金经理确知 8 月 1 日将收进大约 100 万元美元的款项。该经理打算购买息票率为 11.25% 的中期国债，该债券的收益率为 12.03%，债券当前的价格为 97.65 美元，100 万美元等于价值 976 500 美元的债券，该债券的久期为 6.8。如果收益率下降，中期国债的价格将上升，则会增加买入债券的成本。为了规避利率变动风险，该经理决定买进 9 月份中期国债期货进行套期保值。具体操作过程见表 5-10。

表 5-10　为了买进中期国债的套期保值

日期	现货市场	期货市场
4 月 5 日	中期国债价格为 97.65 美元，100 万美元等于价值 976 500 美元的债券	9 月份中期国债期货价格为 $86\frac{21}{32}$，单位合约价格 86 656.25 美元，期货价格及交割债券的种类隐含的久期为 9.6，则买入合约的数量近似为：$$N \approx -\frac{6.8}{9.6} \times \frac{1\,000\,000}{86\,656.25} \approx -8.1$$ 买入 8 份合约
8 月 1 日	市场利率下降，以当前价格 105.89 买进中期国债，头寸价值 1 058 900 美元	9 月份中期国债期货价格为 $94\frac{27}{32}$，单位合约价格 94 843.75 美元，卖出 8 份合约
结果	因利率下降多付出的购买成本：1 058 900 − 976 500 = 82 400（美元）	期货合约产生的收益：8 × (94 843.75 − 86 656.25) = 65 500（美元）

分析：在期货上的获利将补偿额外多支付的成本。中期国债实际购买价格为 1 058 900 − 65 500 = 993 400（美元）

5.3　股票指数期货合约

5.3.1　股票指数期货的含义

1. 股票价格指数

股票价格指数，简称股票指数或股指，是用以反映整个市场上各种股票市场价格的总体水平及其变动情况的指标。在股票市场上，成百上千种股票同时交易，股票价格的涨落各不相同，因此需要有一个总的尺度标准，即股票价格指数来衡量整个市场的价格水平，观察股票市场的变化情况。

股票价格指数一般由一些有影响的机构编制，并定期及时公布。国际市场上比较著名的指数有道琼斯工业股价平均指数、标准普尔 500 指数、伦敦金融时报指数等。

2. 股票指数期货

股票指数期货，简称股指期货，是指以某种股票指数为标的资产的标准化的期货合约。买卖双方报出的价格是一定时期后的股票指数价格水平。在合约到期后，股指期货通过现金结算差价的方式来进行交割。

3. 股指期货的发展历程

20 世纪 70 年代，西方各国出现经济滞胀，经济增长缓慢，物价飞涨，政治局势动荡，股票市场经历了第二次世界大战后最严重的一次危机，1973 ~ 1974 年道琼斯指数跌幅超过了 50%，人们意识到在股市下跌面前没有恰当的金融工具可以利用。

1977 年，堪萨斯市期货交易所（Kansas City Board of Trade，KCBT）向美国商品期货交易委员会（Commodity Futures Trading Commission，CFTC）提交开展股票指数期货交易的报告。尽管 CFTC 对此报告非常重视，但由于美国证券交易委员会（SEC）与 CFTC 在谁来监管股指期货这个问题上产生了分歧，造成无法决策的局面。1981 年，新任 CFTC 主席约翰逊和新任 SEC 主席夏德达成"夏德—约翰逊协议"，明确规定股指期货合约的管辖权属于 CFTC。1982 年，该协议在美国国会通过。同年 2 月，CFTC 即批准了 KCBT 的报告。2 月 24 日，KCBT 推出了第一份股指期货合约——价值线综合平均指数（The Value Line Index）合约；4 月 21 日，芝加哥商业交易所推出了 S&P500 股指期货；其后纽约期货交易所（New York Board of Trade，NYBOT）也迅速推出了 NYSE 综合指数期货交易。

2006 年 9 月 8 日，中国金融期货交易所挂牌成立，股指期货的仿真交易开始启动，2010 年 4 月 16 日股指期货正式上市。境内首个金融期货品种——沪深 300 股指期货在中金所挂牌交易，实现了境内金融期货市场从无到有的艰难跨越。2015 年 3 月 5 日"发展金融衍生品"的提法，首度进入政府工作报告。2015 年 4 月 16 日，中金所又正式推出上证 50 和中证 500 股指期货交易品种。

4. 股指期货交易与股票交易的区别

（1）股指期货合约有到期日，不能无限期持有。股票买入后正常情况下可以一直持有，但股指期货合约有确定的到期日。因此，交易股指期货必须注意合约到期日，以决定是提前平仓了结持仓，还是等待合约到期进行现金交割。

（2）股指期货采用保证金交易，即在进行股指期货交易时，投资者不需支付合约价值的全额资金，只需支付一定比例的资金作为履约保证；而目前我国股票交易则需要支付股票价值的全部金额。由于股指期货是保证金交易，亏损额甚至可能超过投资本金，这一点和股票交易不同。

（3）在交易方向上，股指期货交易可以卖空，既可以先买后卖，也可以先卖后买，因而股指期货交易是双向交易。而部分国家的股票市场没有卖空机制，股票只能先买后卖，不允许卖空，此时股票交易是单向交易。

（4）在结算方式上，股指期货交易采用当日无负债结算制度，交易所当日要对交易保证金进行结算，如果账户保证金余额不足，必须在规定的时间内补足，否则可能会被强行平仓；而股票交易采取全额交易，并不需要投资者追加资金，并且买入股票后在卖出以前，账面盈亏都是不结算的。

5.3.2　股票指数期货的交易规则

1. 股指期货合约要素

股指期货合约是期货交易所统一制定的标准化协议，是股指期货交易的对象。一般而言，股指期货合约中主要包括下列要素：

（1）合约标的。即股指期货合约的基础资产，比如沪深 300 股指期货的合约标的即为沪深 300 股票价格指数。

（2）合约乘数。在股指期货中，其指数值是货币化的，也就是说，期货的股票指数每一个点代表一定的货币金额，这个固定金额就是"合约乘数"。每种股指期货的合约乘数规定值都不同。例如，沪深 300 股指期货的合约乘数是每点 300 元，香港恒生指数期货的合约乘数是每点 50 港币。

（3）合约价值。合约价值等于股指期货合约市场价格的指数点与合约乘数的乘积。例如，期货市场报出沪深 300 指数为 3 000 点，则一张合约的价值为 300 × 3 000 = 900 000 元。

（4）报价单位及最小变动价位。股指期货合约的报价单位为指数点，最小变动价位为该指数点的最小变化刻度。例如，S&P500 指数期货合约的最小变动价位是 0.1 点，只有报 1478.2 或 1478.3 进行交易才有效，而 1478.25 的报价是无效的。

（5）合约月份。股指期货的合约月份是指股指期货合约到期结算所在的月份。不同国家和地区的股指期货合约月份不尽相同。某些国家股指期货的合约月份以 3 月、6 月、9 月、12 月为循环月份，例如 S&P500 指数期货的合约月份为 3 月、6 月、9 月、12 月。而沪深 300 指数期货的合约月份为当月、下月及最近的两个季月（季月指 3 月、6 月、9 月、12 月）。例如，2014 年 2 月，沪深 300 指数期货的合约月份为 2014 年 2 月、3 月、6 月、9 月。

（6）交易时间。交易时间指股指期货合约在交易所交易的时间。投资者应注意最后交易日的交易时间可能有特别规定。

（7）价格限制。为了防止市场发生恐慌和投机狂热，也是为了限制单个交易日内太大的交易损失，一些交易所规定了单个交易日中合约价值最大的上升或下降极限，这就是涨跌停板。股指价格只能在涨跌停板的范围内交易，否则交易就会被暂停。例如，沪深 300 股指期货的每日价格最大波动限制为上一个交易日结算价的 ±10%。但是也并非所有的交易所都采用涨跌停板的限制，譬如，我国香港的恒指期货交易、英国的金融时报 100 指数期货交易都没有这种规定。而芝加哥商业交易所不但规定了每日价格最大的跌幅为 20%（上涨没有限制），而且规定了在达到最大跌幅之前必须经历的一系列缓冲阶段及执行的程序。该程序称为"断路器"（circuit breaker）。

（8）合约交易保证金。合约交易保证金占合约总价值的一定比例。

（9）交割方式。股指期货采用现金交割方式。

（10）最后交易日和交割日。股指期货合约在交割日进行现金交割结算，最后交易日与交割日的具体安排根据交易所的规定执行。

2. 世界主要的股指期货合约交易规则

世界主要股指期货合约的交易规则见表 5-11。

表 5-11　世界主要股指期货合约的交易规则

合约名称	标准普尔 500 指数期货（S&P 500）（CME）	NYSE 综合指数期货合约	日经 225 指数期货	金融时报指数期货	香港恒生指数期货
合约规格	250 美元 × S&P500 股价指数	500 美元 × NYSE 综合指数	5 美元 × 日经 225 指数	25 英镑 × FT-SE 100	50 港元 × 香港恒生指数
价格波动限制	按上一交易日结算价格的 5%、10%、15%、20% 涨跌幅逐级放开	无	价格限制基本上维持在 ±5% 左右	无	无
最小变动价位	0.10 个指数点（每张合约 25 美元）	0.05 个指数点（每张合约 25 美元）	5 个指数点（每张合约 25 美元）	0.05 个指数点（每张合约 12.5 英镑）	1 个指数点（每张合约 50 港元）

（续）

合约名称	标准普尔 500 指数期货（S&P 500）（CME）	NYSE 综合指数期货合约	日经 225 指数期货	金融时报指数期货	香港恒生指数期货
合约月份	3月、6月、9月、12月	3月、6月、9月、12月	3月、6月、9月、12月	3月、6月、9月、12月	现货月份，现货月份随后的一个月份以及最近期的两个季末月份
交易时间	周一到周五上午8:30至下午3:15	周一到周五上午9:30至下午4:15	周一到周五上午8:00至下午3:15	周一到周五上午9:05至下午4:05	周一到周五上午9:45至下午4:15
最后交易日	合约月份第三个星期五之前的星期四	合约月份第三个星期五之前的星期四	合约月份第二个周五之前的营业日	合约月份第三个星期五	合约月份的倒数第二个交易日
交割方式	现金交割	现金交割	现金交割	现金交割	现金交割

5.3.3 股票指数期货的套期保值交易

资本资产定价模型告诉我们，通过大量资产组合，我们能够将单一资产的特殊风险规避掉，因而市场不会为承担这种特殊风险支付溢价。举例来说，一汽轿车公司的汽车存在某种安全隐患，可能会有大笔的召回费用。这时购买一汽轿车的投资者并不会因为承担这种风险而获得较高的溢价收入，因为在大量的组合资产中该资产收益率的变化很快就被淹没。那么什么样的风险才值得支付溢价呢？市场只为那些无法通过资产组合规避掉的风险支付溢价。我们把这种影响所有公司的风险因素称为市场风险，如果以 β 系数衡量某项资产的市场风险（也称系统风险），则 β 系数等于 1，说明该项资产的系统风险与市场组合风险在量上完全相等；如果风险资产的 β 系数大于 1，说明该项资产的系统风险大于市场组合风险。

虽然我们无法在现货市场规避市场风险，但是可以通过股指期货达到目的。股指期货之所以具有套期保值的功能，是因为在一般情况下，股指期货的价格与股票现货的价格受相同因素的影响，从而它们的变动方向是一致的。因此，投资者只要在股指期货市场建立与股票现货市场相反的持仓，则在市场价格发生变化时，他必然会在一个市场上获利而在另一个市场上亏损。通过计算适当的套期保值比率可以达到亏损与获利的大致平衡，从而实现保值的目的，并且不需要直接投资于股票。

1. 最佳套期保值比率

在第 4 章中，我们已经证明最佳套期比率，即风险最小的套期比率等于 ΔS 和

ΔF 之间的相关系数乘以 ΔS 的标准差与 ΔF 的标准差的比率：

$$h = \frac{\text{cov}_{\Delta S, \Delta F}}{\sigma^2_{\Delta F}} = \rho \cdot \frac{\sigma_{\Delta S}}{\sigma_{\Delta F}} \qquad (5\text{-}17)$$

此外，寻求最佳套期保值比率的最简单方法就是利用以下回归方程：

$$\Delta S = \alpha + \beta_{RM}\Delta F + \varepsilon \qquad (5\text{-}18)$$

其中，α 是回归常数项，β_{RM} 是回归斜率，其估计值就是要求的最佳套期保值比率，ε 是误差项。

值得注意的是，此处的 β_{RM} 与资本资产定价模型中的 β_P 含义不同，β_{RM} 是最佳套期保值比率，是投资组合收益对期货合约的收益进行回归求得的；而 β_P 是投资组合的收益对市场组合的收益进行回归而求得的。为了简化，实际中会使用 β_P 作为 β_{RM} 的一个粗略估算。

一组股票组合的 β_P 系数是各种股票的 β 系数的加权平均数，其权数等于投向某只股票的资金与总投资资金之比，公式为：

$$\beta_p = \sum_{i=1}^{n} X_i\beta_i \qquad (5\text{-}19)$$

式中：X_i 代表权数，为某种股票的市值占全部投资组合市值的比重；β_i 代表某种股票的 β 系数。

对股票投资组合进行套期保值的合约份数 N 可用下式计算：

$$N = \frac{V}{m \times p} \times \beta_p \qquad (5\text{-}20)$$

式中：V 代表股票投资组合的总价值；m 代表股价指数每变动一点的价值（合约乘数）；p 代表股价指数的点数；β_p 代表股票投资组合的 β 系数。

2. 多头套期保值

多头套期保值适用于以下情形：投资者准备投资股票，又唯恐实际购买时因股价上扬而蒙受损失，于是在期货市场预先买进股指期货，待实际购买股票时再进行对冲，以弥补现货市场可能遭受的损失。

例如，2016 年 3 月 1 日，某公司将 NJ 公司确定为潜在收购目标。通常收购公司是通过购买足够的股份来实现对目标公司的控制。鉴于收购行动涉及的股票数量巨大，收购公司一般会提前进行一系列小额购买，直到累积到足以完全控制目标公司的份额为止。但是在收购公司悄然进行股票收购期间，它通常面临股价上涨的风险，这就意味着购买股份的成本增加，或者同样的成本下只能购进更少的股份。2016 年 3

月 1 日 NJ 的股价为 14.55 元，其相对于沪深 300 指数的 β 系数是 3.2。收购公司打算花 145.5 万元购买 10 万股。此交易将于 5 月 3 日发生。本次购买行为可以看作是为最终控制目标公司股份的一系列小额购买的行动之一。该收购公司意识到，如果股票价格整体上涨，其所要收购股份会花费更多的资金。而如果它购买了股指期货，那么股票市场的上扬必然会使其在期货市场中得到收益。此次并购套期保值的具体内容见表 5-12。

表 5-12　并购（多头）套期保值

情景：2016 年 3 月 1 日，某公司为了最终获得 NJ 公司的控制权而打算购买其 10 万股股票。此交易将于 5 月 3 日发生，目前股票价格为 14.55 元，β 系数是 3.2。同时该公司在中金所购买了沪深 300 股指期货进行套期保值		
日期	现货市场	期货市场
3 月 1 日	股票即期价格是 14.55 元，若此时购买股票，支出为 $14.55 \times 100\ 000 = 1\ 455\ 000$（元）	买入 6 月份沪深 300 股指期货合约，合约价格为 2 881，合约近似数量为：$N \approx \left(\dfrac{1\ 455\ 000}{2\ 881 \times 300} \right) \times 3.2 \approx 6$（份）买入 6 份合约
5 月 3 日	股票价格上涨到 20.18 元，公司实际购买股份支出为 $20.18 \times 100\ 000 = 2\ 018\ 000$（元）	卖出 6 份 6 月沪深 300 股指期货合约，合约价格为 3 211
结果	额外购买成本为 $2\ 018\ 000 - 1\ 455\ 000 = 563\ 000$（元）	期货合约产生的收益：$6 \times (3\ 211 - 2\ 881) \times 300 = 594\ 000$（元）
分析：套期保值避免了全部的额外成本并产生了一部分盈余，$594\ 000 - 563\ 000 = 31\ 000$（元），该公司以每股 $(2\ 018\ 000 - 594\ 000)/1\ 000\ 000 \approx 14.24$（元）的价格完成了此次交易		

本次套期保值成功地降低了额外的购买成本，但非系统风险却不能利用套期保值来规避。例如，一旦收购股票的消息传播出去，即使市场整体是下挫的，该股票的价格通常也会大幅上涨，这类因素产生的风险，股指期货是不起作用的。但是，它可以规避股票市场整体上扬的风险。

3. 空头套期保值

空头套期保值适合手中已持有股票的投资者或准备发行股票的筹资者，他们因为惧怕股价下跌而遭受损失，便预先在期货市场上卖出相应的股指期货，利用股指期货的空头与股票的多头相配合，避免价格波动带来的风险。

例如，2016 年年初，某基金公司的投资经理管理着一个总市值为 50 000 000 元的多样化股票投资组合，该组合相对于沪深 300 指数的 β 系数是 1.65，如果未来半年内熊市到来会使股价下跌，则投资组合的业绩将会下降。当然，投资经理可以在熊市到来之前选择适当时机将股票全部卖掉，将所得收入投资于短期的债务工具，待熊市过后再重新回到股市。但是,这样做会花费大量的交易成本,而且一下子将如此大规模的股票进行抛售,必然会导致股价下滑,从而无法按原本预期的较高的价格卖出所有的股票,这种方法不是明智之举。

还有一种方法可供投资经理规避价格下降的风险,就是利用股指期货进行套期保值。通过在期货市场上卖出一定量的股指期货合约,即使股价下跌,该投资经理仍可利用期货市场上的盈利来对冲现货市场上的损失,从而达到降低总体头寸风险的目的。

2016 年 1 月 5 日沪深 300 股票指数合约的价格为 3 392,由于股票投资组合的 β 系数相对于沪深 300 指数有较高的波动性,因此,需要卖出的期货合约数应为:

$$N \approx \left(\frac{50\,000\,000}{3\,392 \times 300} \right) \times 1.65 \approx 82(\text{份})$$

具体套期保值结果见表 5-13。

表 5-13　空头套期保值

情景:2016 年 1 月 5 日,某基金公司投资经理管理着总市值 50 000 000 元的股票投资组合,该投资组合相对于沪深 300 指数的 β 系数是 1.65。为避免股价下跌的风险,该基金公司经理利用沪深 300 股指期货进行空头套期保值

日期	现货市场	期货市场
1 月 5 日	股票投资组合的总市值为 50 000 000 元	卖出 6 月沪深 300 股指期货合约 82 份,合约价格为 3 392
5 月 10 日	股票投资组合的总市值为 41 965 500 元	买入 6 月沪深 300 股指期货合约 82 份,合约价格为 3 095
结果	股票市值下降了 50 000 000 − 41 965 500 = 8 034 500(元)	期货合约产生的收益: 82 × (3 392 − 3 095) × 300 = 7 306 200(元)

分析:套期保值避免了部分股票市值的下降,股票整个的损失有效降低为 8 034 500 − 7 306 200 = 728 300(元),仅损失 1.46%

由表 5-13 可知,5 月 10 日股票投资组合的市值下降了 800 多万元,损失约 16.1%,但与此同时,期货合约上产生收益 700 多万元,从而使损失下降到 1.46%。

当然,如果市场上扬,投资组合就会产生收益,但该收益中的一部分同样会被期货合约产生的损失抵消掉。

○ 本章小结

- 外汇期货是指交易双方约定在未来特定的时期,依据现在约定的汇率,以一种货币交换另一种货币,并对交易币种、合约金额、交易时间、交割月份及交割地点等内容统一规定的标准化合约。

- 有某种外币收入的美国保值者和有美元支出的非美国保值者可以采用空头套期保值策略。
- 有某种外币支出的美国保值者和有美元收入的非美国保值者可以采用多头套期保值策略。
- 利率期货是指由交易双方签订的，约定在将来某一时间按双方事先商定的价格，交割一定数量的以债券类证券为标的物的标准化期货合约。
- 短期利率期货是指期货合约标的的期限在一年以内的各种利率期货，即以货币市场的各类债务凭证为标的的利率期货均属短期利率期货，包括各种期限的商业票据期货、国库券期货及欧洲美元定期存款期货等。
- 短期国库券期货的报价方式不同于短期国库券本身的报价方式。IMM 90 天国库券期货通常采用 IMM 指数报价方式。所谓 IMM 指数（IMM Index），是 100 与贴现率的分子（短期国库券的报价）的差。
- 长期利率期货则是指期货合约标的的期限在一年以上的各种利率期货，即以资本市场的各类债务凭证为标的的利率期货均属长期利率期货，包括各种期限的中长期国库券期货和市政公债指数期货等。
- 美国期货市场中长期国债期货采用价格报价法，按 100 美元面值的国债期货价格报价。
- 股票指数期货，简称股指期货，是以某种股票指数为标的资产的标准化的期货合约。买卖双方报出的价格是一定时期后的股票指数价格水平。在合约到期后，股指期货通过现金结算差价的方式来进行交割。
- 投资者只要在股指期货市场建立与股票现货市场相反的持仓，则在市场价格发生变化时，他必然会在一个市场上获利而在另一个市场上亏损。

○ 课后习题

1. 比较外汇期货合约、利率期货合约、股指期货合约的报价方式。
2. 在为股票投资组合建立套期保值比率时，贝塔的作用是什么？
3. 什么是久期？其他条件相同的情况下，债券的息票利率越高，其久期就越高吗？
4. 一个公司在 IMM 上按 1.440 0 的价格买入了 10 份英镑货币期货合同。第二交易日，结算价格是 1.438 0。该公司的盈亏是多少？
5. 一个公司按 94.36 的价格出售了 12 份 3 个月期英镑期货（一张合约面值为 500 000

英镑），并按 95.21 的价格实现了平仓。这个头寸的总体损益是多少？

6. 你准备借入 500 万欧元，借期为 3 个月，并准备采取措施防范利率上涨的风险。你应当如何利用期货来实现自己的目标？

7. 一个法国公司准备在未来支付 600 万美元，担心美元会在此期间升值。它应当如何利用期货来对冲自己的风险？

8. 1 月 2 日，某人计划于 6 月份启程去瑞士开启为期 6 个月的旅行。他预计在这次旅行中将花费 250 000 瑞士法郎。为防止届时瑞士法郎升值而使他多支付美元，他打算在期货市场上进行套期保值。假定期货与现货市场上的汇率都为 0.513 4（即 1 瑞士法郎兑换 0.513 4 美元）。到了 6 月 6 日准备启程之时，他在外汇市场以美元买进所需的瑞士法郎，汇率为 0.521 1（现货市场与期货市场的汇率相同），同时将持仓期货合约平仓（瑞士法郎的期货面值为 125 000）。列表分析该交易过程并评价套期保值结果。

9. 7 月 1 日，一家服装零售公司看好今年的秋冬季服装市场，向厂家发出大量订单，并准备在 9 月 1 日从银行申请贷款以支付货款 1 000 万美元。7 月份利率为 9.75%，该公司考虑若 9 月份利率上升，必然会增加借款成本。于是，该公司准备用 9 月份的 90 天期国库券期货做套期保值（每张期货合约面值 100 万美元）。

要求：

（a）设计套期保值方式，说明理由。

（b）9 月 1 日申请贷款 1 000 万美元，期限 3 个月，利率 12%，计算利息成本。

（c）7 月 1 日，9 月份的 90 天期国库券期货报价为 90.25；9 月 1 日，报价为 88.00。计算期货交易损益。

（d）计算该公司贷款实际利率。

10. 8 月 1 日，某证券投资经理的债券组合价值为 1 000 万美元。在 10 月份该组合的久期将为 7.1 年。当前 12 月份国债期货价格为 91—12，在期货到期时最便宜交割债券的久期将为 8.8 年。在接下来的两个月内，该证券组合经理应如何使债券组合的价值不受利率变化的影响？

期权交易概述

6.1 期权的基本概念

6.1.1 期权合约的定义及要素

期权合约赋予期权的买方在支付一定数额的权利金(premium)后，就拥有在规定期限内，以敲定价格(striking price)或执行价格(exercise price)买卖一定数量标的物的权利，但是不负有必须购买该种标的物的义务。期权合约是期权买卖双方交易时签订的合约，期权交易按交易场所的不同分为场内交易(交易所交易)和场外交易，场内交易的期权合约由交易所规定了标准化的内容，而场外交易的期权合约则是非标准化的，合约内容由交易双方协商确定。期权合约主要的构成要素有以下几个：期权的买方、期权的卖方、权利金、执行价格和合约到期日。

1. 期权的买方

期权的买方即购买期权的一方，在支付权利金后，就拥有了在期权合约规定的时间内，行使其购买或出售标的资产的权利，也可以不行使这个权利，同时不承担任何义务。

2. 期权的卖方

期权的卖方即出售期权的一方，在获得买方支付权利金后，就承担着在规定的时间内根据买方的要求履行该期权合约的义务，只要期权的买方要求执行期权，卖方则无条件履行义务。

显然，在期权交易中，买卖双方在权利和义务上有着明显的不对称性，但是"世上没有免费的午餐"，买方为获得在执行合约方面的灵活性，事先要付出一定的代价，即支付给卖方权利金，且一经支付，无论买方是否执行合约，所付出的权利金均归卖方所有。

3. 权利金

权利金又称为期权费、期权价格和保险费，是指期权买方为获取期权合约所赋予的权利而向期权卖方支付的费用。在期权交易中，当价格变得对买方有利时，买方才会选择执行合约，否则买方可以放弃执行合约。由此可见，买方将风险的不利部分转嫁出去而保留了风险的有利部分，看起来期权是相对更加有利的保值工具。然而，市场是公平的，避险者进入期货（远期）交易几乎无须任何初始成本，而期权的买方则需要为获得权利支付相应的成本，即期权费。换言之，作为期权的买方向期权的卖方投了一个规避市场价格不利变化的保险，其支付的期权费就如同投保人向保险公司支付的保险费，因此权利金也叫保险费，并与保险费为同一英文单词（premium）。

4. 执行价格

执行价格又称敲定价格或履约价格（strike price or exercise price），是指期权合约所规定的，期权买方在行使权利时所实际执行的价格。这一价格一旦确定，则在期权有效期内，无论期权标的物的市场价格如何变化，只要期权的买方要求执行期权，期权的卖方就必须以执行价格履行合约义务。

5. 合约到期日

合约到期日也称为履约日，在这一天如果期权的买方不提出执行交易，其所享有的权利就自动终止。

6.1.2　期权的种类

期权的分类标准很多，按照不同的标准可以划分为不同的类型。

1. 看涨期权与看跌期权

从期权买方的权利或从买方对价格趋势的预期可将期权划分为看涨期权（call option）和看跌期权（put option）。

看涨期权是指期权的购买者预期某种标的物的未来价格趋势会上涨，支付一定的权利金买入期权，则取得了在预先规定的时间以执行价格从期权卖方的手中买入一定数量标的物的权利，虽然市场价格上升了，但是期权的买方拥有按事先约定的较低的执行价格买入标的物的权利，从而获得价差收益。因为它是人们预期某种标的物的未来价格上涨时购买的期权，所以被称为看涨期权或买权。

看跌期权是指期权的购买者预期某种标的物的未来价格趋势会下跌，支付一定的权利金买入期权，则取得了在预先规定的时间以执行价格向期权卖方卖出一定数量标的物的权利，虽然市场价格下跌了，但是期权的买方拥有按事先约定的较高的执行价格卖出标的物的权利，从而获得价差收益。因为它是人们预期某种标的物的未来价格下跌时购买的期权，所以被称为看跌期权或卖权。

练习与思考 ●●●● >>

一个投资者持有 X 公司 2 000 股股票的看涨期权，执行价格是 460 便士。每股权利金为 25 便士。如果到期日的股价如下所示，请分别计算每种情况下期权买方和卖方的损益，并给出相应的结论。

（a）445 便士　　　　　　（b）476 便士　　　　　　（c）500 便士

【答案】

（a）期权不会被执行。因为到期日股价 445 便士低于执行价格 460 便士，期权买方放弃执行合约，损失 500 英镑，期权的卖方获利 500 英镑。

（b）期权会被执行。因为到期日股价 476 便士大于执行价格 460 便士，所以期权买方会执行期权。但是期权交易的获利不能弥补权利金，每股损失 9 便士（476 － 460 － 25），因此期权买方损失 180 英镑，期权的卖方获利 180 英镑。

（c）期权会被执行。因为到期日股价 500 便士大于执行价格 460 便士，所以期权买方会执行期权。执行后每股获利 15 便士（500 － 460 － 25），因此期权买方盈利 300 英镑，期权的卖方亏损 300 英镑。

通过以上计算可以看出：

（1）期权买方最大的净损失就是权利金，当期权不被执行时就会产生这个损失。

（2）期权卖方最大的净收益就是权利金，只有期权不被执行时才能实现最大利润。

2. 欧式期权与美式期权

按期权合约规定的执行时间，期权可划分为欧式期权（european option）和美式期权（american option），这不是地理位置的概念，而是执行时间的区别。

欧式期权是指买入期权的一方必须在期权到期日当天才能行使的期权，即行使买进或卖出标的资产的权利。美式期权是指期权的买方可以在期权到期前的任何时间执行期权。

显然，美式期权在执行时间上更具有灵活性，因此，其他情况一定时，美式期权的期权费通常比欧式期权的期权费更高一些。美式期权多在场内交易中采用，欧式期权则多在场外交易中采用。2002 年 12 月以来，我国国内银行新开立的外汇期权业务均采用欧式期权交易方式。

3. 实值、平值和虚值

按照标的资产市场价格与执行价格的关系，期权可以分为实值期权（in the money，ITM）、平值期权（at the money，ATM）和虚值期权（out of the money，OTM）。

实值期权、平值期权、虚值期权与买入看涨期权和买入看跌期权的对应关系见表 6-1。

表 6-1　实值期权、平值期权、虚值期权与买入看涨期权和买入看跌期权的对应关系

	买入看涨期权（买入买权）	买入看跌期权（买入卖权）
实值期权	市场价格 > 执行价格	市场价格 < 执行价格
平值期权	市场价格 = 执行价格	市场价格 = 执行价格
虚值期权	市场价格 < 执行价格	市场价格 > 执行价格

4. 场内期权与场外期权

根据期权交易是否是集中性的以及期权合约是否标准化，期权可分为场内期权（traded option）和场外期权（over the counter option，OTC）。

场内期权即交易所交易期权或交易所上市期权，是指在正规的交易所大厅内进行交易的标准化的期权合约，其交易数量、敲定价格、到期日以及履约时间等均由交易所统一规定，因此，交易所能够有效地掌握有关信息并向市场发放，例如成交价、成交量、未平仓合约数量等数据，期权交易活动也受到交易所的监督和规范。

场外期权也称为店头市场期权或柜台式期权，它不在交易所大厅内进行交易，期权合约也非标准化的，合约的内容由交易双方协商确定。场外期权基本上可以说是单对单的交易，一般只涉及买方、卖方及经纪人，或者仅是买方和卖方，而并没有一个集中的交易场所。因此，场外期权市场的透明度较低，只有积极参与当中活动的行内人（如投资银行及机构投资者）才能较清楚市场行情。

6.2　期权市场构成及运行机制

6.2.1　期权市场的发展历程

1. 早期的期权交易

期权是人类最古老的管理风险工具之一。期权的雏形最早出现在《圣经》中，"创世纪"第 29 章中讲述到，雅各布与拉班签订一个"期权"协议，雅各布为拉班工作 7 年，获得一个权利——拉班将小女儿拉结嫁给雅各布。后来，拉班违约了，将大女儿利亚嫁给了雅各布。此后，雅各布与拉班又签订一个"期权"协议，即再劳动 7

年以换得与拉结结婚。这次，拉班履约了，将小女儿拉结嫁给了雅各布。

据史料记载，最早的期权投机者是古希腊的哲学家、数学家和天文学家泰勒斯，他利用天文知识，观察天象，预测来年橄榄会大丰收，橄榄油榨机需求会增大。因此，他提前与橄榄油榨机的业主签订了期权合约，获得了来年以固定价格优先租用这些榨机的权利，从而获得了丰厚的利润。

期权的概念实际上起源于对农产品市场价格进行风险控制的需要。17世纪30年代末，荷兰的批发商开始利用期权管理郁金香交易价格的风险。批发商们普遍出售远期交割的郁金香，由于从种植者处收购郁金香的成本价格无法事先确定，对于批发商而言，需要承担较大的风险，因此，郁金香期权应运而生。批发商通过向种植者购买认购期权的方式，在合约签订时就锁定未来郁金香的最高进货价格。收购季到来时，如果郁金香的市场价格比合约规定的价格还低，那么批发商可以放弃期权，选择以更低的市场价购买郁金香而仅损失权利金（为购买期权付出的费用）；如果郁金香的市场价格高于合约规定的价格，那么批发商有权按照约定的价格从种植者处购买郁金香，控制了买入的最高价格。这是最早的商品期权。

2. 现代期权交易

现代期权是在1791年纽约股票交易所成立后发展起来的，当时还不存在期权的中心交易市场，期权交易都在场外进行。市场依靠那些为买家或者卖家寻找交易对手的经纪商运行，每一笔交易的谈判都相当复杂，而且每个期权合约都不相同，都是根据买方与卖方个性化需求而确定，因此，任何一方要平仓，都必须就时间、价格等同另一方达成一致。如果双方无法达成协议，则经纪商帮助寻找感兴趣的交易对手。在这样松散的市场中，逐渐形成了期权经纪商协会。协会的目的就是加强参与者的相互联系，并在共同利益的基础上拓展业务。

到20世纪20年代，美国股票市场有一定发展，但是市场缺乏监管，一些期权交易的经纪商和投机者开始滥用期权获取暴利。1929年美国成立证券交易委员会，针对期权的操控案件，证券交易委员会最初建议国会取缔期权交易，国会给了经纪商协会一个答辩的机会，一个叫菲勒尔的期权经纪人说服了议会委员会，使他们相信期权在经济上的价值，于是期权业在经历了1929年国会听证会后生存了下来。1934年通过了《证券和交易所法案》，该法案赋予证券交易委员会监督期权业的权利。

1973年4月26日，芝加哥期权交易所（CBOE）经美国证券交易委员会（SEC）批准成立，同时推出了标准化的股票认购期权合约。这标志着有组织、标准化期权交易时代的开始。1973 年芝加哥大学的两位教授费希尔·布莱克(Fisher Black)和迈伦·斯科尔斯(Myron Scholes)提出著名的期权定价模型，为期权定价提供指引。1975 年，芝加哥期权交易所将布莱克—斯科尔斯定价模型引入期权定价。1975 年美国股票交易所开始交易期权，同时芝加哥期权交易所与美国股票交易所联手建立了一个共同的清算机构，即期权清算公司(Options Clearing Corporation，OCC)。OCC 目前是全球最大的期权清算机构，它是交易所场内期权交易者在财务上完全安全的交易对手。期权合约的标准化与期权清算公司的形成，为场内期权市场的活跃奠定了基础。

1975 年，美国证券交易所和费城证券交易所上市了股票期权；1976 年，太平洋证券交易所也开始上市股票期权。这时，所有交易所交易的股票期权还都是买权。直到 1977 年芝加哥期权交易所开始了卖权交易，投资者对卖权接受之快超出了预期。随后，美国其他交易所也纷纷推出卖权合约。至此，完整意义的场内期权市场才真正建立起来，市场开始进入新的发展阶段。

此后，CBOE 不遗余力地从事股票期权产品开发，满足投资者的需求。诸如，1983 年推出了市场指数期权，1990 年推出了长期期权(LEAPS)，1992 年推出区域及国际股指期权，2004 年 VIX 指数期货开始交易，2005 年推出了期限为一周的短期期权(weekly option)等。

期权交易在美国的发展也带动了其他国家和地区期权交易的发展，1978 年，伦敦证券交易所、荷兰欧洲期权交易所最早开始开展股票期权业务。随着欧元区货币系统形成，期权市场也发生较大变化，经过一系列的交易所并购与整合，欧洲期货交易所(Eurex)、泛欧交易所(EURONEXT)成为最重要的期权交易所。亚洲市场近年来也得到迅速发展，香港联合证券交易所(现为香港交易所)在 1995 年推出了首只汇丰控股期权，成为亚洲第一个为投资者提供股票期权交易的市场。1997 年，韩国推出了 KOSPI 200 指数期权，并在 2000～2004 年进入快速发展期，2002 年 1 月，韩国证券交易所(现为韩国交易所)开始交易股票期权。2015 年 2 月 9 日，上海证券交易所上市上证 50ETF 期权，正式开启我国内地金融市场期权时代。接下来，我国将积极准备推出大宗商品期权合约，监管机构已经批准了我国首批大宗商品期权合约，同意大连商品交易所于 2017 年开展豆粕期权交易，同意郑州商品交易所开展白糖期权交易。

6.2.2　期权市场的构成

期权市场按照交易场所不同分为场内期权和场外期权。

场外期权是指，在非集中性的交易场所进行的非标准化的期权合约的交易。场外期权市场的参与者因各自独特的需要，或因所需产品不符合交易所交易产品的特征，通过场外期权经纪或自己直接找寻交易对手进行的"私人"期权交易，因此，期权合约的条款和适用条件依交易双方的特定需要量身定做，这种看似完美的期权合约也因为设计针对性太强，不容易转手，因此很难形成有效的二级市场。同时，由于流动性差，卖方不易通过转让化解风险，期权费用较高。

场外期权市场的参与者只涉及买方、卖方及经纪商三个参与者，或仅是买卖双方，并没有一个中央交易平台，也没有清算公司，因此信用风险无处不在，这也是场外市场交易的一个不利之处。回顾期权交易的发展历史，场内期权交易因其独特的优势而得到迅猛发展，也对场外期权产生一定的冲击。其优势概括而言：第一，交易所提供了一个集中化的交易平台，标准化的合约设计极大地便利了期权的交易管理、信息发布，增强了市场的流动性，使得交易者更加灵活便利地管理其资产头寸；第二，清算所的建立解决了场外市场固有的信用风险的问题，促进了期权市场的发展。尽管场内期权交易有上述优越性，但并不意味着场外期权交易的消亡，相反，场外期权交易的规模非常大，只是由于其交易个性化的本质，精确测量其规模存在一定的困难。场外期权并不像传统期权合约那样根植于单纯的普通股，它包括债券、利率、商品、货币以及其他类型的资产，甚至不能算作资产的标的物，如损毁险和气候险等。

相对于场外期权，场内期权有固定的交易场所、明晰化的交易规则和管理制度，以及标准化的合约形式，更有规范化的交易流程。下面重点阐述场内期权交易的市场构成。

1. 期权交易所

类似于期货交易所，期权交易所是专门进行期权合约买卖的场所，是一个实体性的机构，通过制定严格的规章制度、明晰化的交易规则来维护正常的期权交易秩序，防止操纵、欺诈等非正当交易行为。期权交易所以股份公司的形式，由会员联合组成。会员向交易所交纳会费，并取得进场参加交易的资格。交易所收取会员会费和交易手续费用以弥补各种费用开支，包括各种设施及人员方面的开支等。

期权交易所的最大特征和成功原因之一就是期权合约的标准化，每个期权交易所都对每种期权合约进行了预先规定，包括上市品种、合约单位、执行价格、到期日、交割规定等，这使得期权合约交易起来更加方便，也对社会公众产生了更大的吸引力，从而形成期权合约的二级市场。

　　CBOE 是世界上第一家组织化的交易所，它首创一整套交易流程，为其他交易所开展期权交易铺平道路。目前，全球共有 30 多家从事期权交易的交易所，我国上海证券交易所于 2015 年推出第一只金融期权。美国在交易所期权方面一直居于世界前列，目前有 6 家交易所从事期权交易，包括芝加哥期权交易所（CBOE）、美国证券交易所（AMEX）、堪萨斯城交易所（KCBT）、费城股票交易所（PHLX）、国际证券交易所（ISE）和波士顿期权交易所（BOX）。值得一提的是 ISE，它是期权市场的传奇之一，它于 2000 年 4 月成立，是美国第一家采用完全电子交易的期权交易所，在此之前，美国各大交易所的期权交易一直保持公开喊价交易的传统，最主要的是做市商和专家参与的公开喊价，ISE 实行电子交易，提高了交易效率，降低了交易成本，引领其他期权交易所进行改革，纷纷引入电子交易。

2. 期权交易者

　　期权交易按照买卖的方向主要有期权的买方和期权的卖方，也称为期权的多头持有人和空头持有人。期权到期时，多头持有者可以根据当时的市场价格是否有利自由选择是否执行期权，空头持有人是否需要实际履约则完全被动地取决于多头持有人的选择。按照交易者投资期权的目的不同，期权交易者可以分为避险者、投机者和套利者。避险者是通过期权交易回避面临风险的交易者，通过支付一定的期权费，不仅可以回避不利的价格变动，而且可以不放弃有利价格变动的机会；投机者以自己对市场走势的判断为依据，通过一定时期买卖某种期权而赚取价差收益，与避险者相反，投机者在期权交易中主动承担了更大的风险；套利者同时进行多种金融产品的交易，锁定一个无风险的收益，套利操作的前提是存在套利机会。

3. 市场参与者

　　有了期权交易的场所和打算进行期权交易的交易者，要促使期权交易成功还需要一些市场参与者。

　　（1）做市商。

　　多数期权交易所采用做市商制度，在交易所购买（或租用）了席位的个人都可以申请成为做市商。做市商承担"做市"的义务，即满足投资大众对期权买卖的需求。当公众中有人希望买进（卖出）一种期权合约，但是又没有其他成员愿意卖出（买进）该期权时，做市商则要满足这一交易需求，在这种体制下，只要投资者打算购买某个特定期权，肯定能保证有相应的卖方满足其要求，反之亦然。因此，做市商的存在增加了期权市场的流动性，为市场公众及时完成交易提供了便利。

当投资者对某个期权进行询价时，做市商会同时报出买入价（bid price）和卖出价（ask price），买入价是做市商愿意买入期权的最高价，卖出价是做市商愿意卖出期权的最低价，卖出价的设定高于买入价水平，之间的差额被称为买卖价差（bid-ask spread）。买卖价差对于投资者而言是一项重要的交易成本，而对于做市商而言则是一项收益，是他们承担做市义务的回报。

（2）场内经纪人。

场内经纪人（floor broker）是在期权交易所内负责执行来自交易所外的交易指令的经纪人。如果某投资者想购买或出售某一期权，他首先在经纪人公司开设账户，然后将买卖指令通知给经纪人，经纪人再把交易指令传递给本公司在期权交易所内的场内经纪人。如果该经纪公司没有自己的场内经纪人，买卖指令就会通过独立的场内经纪人或其他公司的场内经纪人进行交易。场内经纪人收到指令后，可以和其他场内经纪人交易，也可以和做市商交易。他们主要的工作是为客户获取最优价格，迅速执行收到的指令。他们的收益来源于每笔交易的佣金或其所属经纪公司支付的薪水。

（3）指令簿记员。

在 CBOE 里还有一种交易员叫指令簿记员（order book official，OBO），指令簿记员是交易所雇员，他们的主要作用是便利买卖指令的流动和执行。由于有很多传递给场内交易员的指令是限价指令，也就是说只能在特定价格或更有利的价格才能执行的指令，有时指令无法立即执行。这时，场内经纪人就将这些指令传递给 OBO，由他们将这些指令输入计算机，进入指令登记簿，并将该信息予以披露。这样，所有的交易者就可以了解目前等待交易指令的最优价格（最高买入价和最低卖出价），市场价格一旦达到指定价格，OBO 就执行指令。

（4）专家。

与 CBOE 的做市商制度有所区别，费城股票交易所（PHLX）和美国证券交易所（AMEX）使用的是专家系统（specialist system），即由专家（specialist）代替了做市商和指令簿记员，他负责报出期权的买入价格和卖出价并保存限价指令的记录，但并不将限价指令的有关信息提供给其他的交易者，他承担了做市的功能。

4. 期权清算公司

与期货交易类似，期权交易所内完成的期权交易都需要通过期权清算公司（Option Clearing Corporation，OCC）进行清算与交割。清算公司保证期权空头持有人履行期权合约的义务，同时记录所有买方和卖方的期权交易头寸情况。OCC 由一定数量的会员组成，所有的期权交易必须提供其会员进行结算，如果经纪人公司本身不是 OCC 的会员，则必须通过 OCC 的会员来结清交易。OCC 的会员必须满足资本金的最低限额要求，而且必须提供特种基金，当任一会员对其义务违约时，则可以使用该基金。

　　OCC 实际上充当了期权买方与卖方的中介，对于期权的买方而言，OCC 就是他的卖方，对于期权的卖方而言，OCC 就是他的买方，OCC 充当了期权买方与卖方的交易对手，使得交易者无须担心对方的信用情况，信用风险集中在 OCC 上。由于 OCC 资本雄厚，并且有保证金制度防止违约风险，所以信誉度高，这也促进了期权交易的迅速发展。

6.2.3　期权市场的运行机制

1. 下达交易指令

　　投资者想要进行期权交易，首先在经纪公司开设一个账户，然后向经纪人发出买入或卖出期权的指令。为了满足交易的需求，交易员们设计出多种类型的交易指令，如市场交易指令是指示场内经纪人为客户自行获取最佳的市场价格；限价交易指令限定了购买期权支付的最高价格以及出售期权可接受的最低价格；撤销交易指令是指在指令被执行之前都有效；当日交易指令是指在当天交易日有效；止损交易指令是指成交价格定在低于当前市场价格的水平上，如果市场价格跌破这个限制价位，经纪人就会按照指示，以最佳可行的价格出售期权合约。

2. 期权的履约

　　期权交易的履约方法有三种：冲销、执行期权和自动失效。

　　（1）冲销。

　　期权的买方和卖方，在期权到期前，可以选择冲销的方法来结清期权头寸。买方和卖方都会根据其对市场价格走势的判断决定是否发出一个相反的指令对冲手中持有的头寸。期权的买方可以通过发出一个出售相同期权的冲销指令来结清原期权头寸，同样地，原来出售期权的投资者可以通过发出一个购买相同期权的冲销指令来结清原期权头寸。

　　（2）执行期权。

　　是否行使买入或卖出合约标的物的权利是期权多头持有人的自由，而对应的期权空头只有被动履约的义务。当某个期权多头持有人要执行其期权时，就通知其经纪人，经纪人则立即通知该期权交易的清算公司会员，该会员接着把指令转发至清算公司。清算公司随机选出某个持有相同期权空头的会员。该会员按程序选出某个相同期权空头的持有人，然后进行交割。一般来说，期权到期时处于实值状态就应该执行，除非交易成本很高，抵消了期权的收益。如果到期日执行期权对其客户有利，一些经纪人公司在到期日会自动为客户执行期权，前提是对客户有利可图。

（3）自动失效。

如果期权合约在到期时处于虚值状态，买方则不会行使期权，当然卖方无权要求买方行使期权，期权将被自动放弃。

3. 保证金制度

期权交易与期货交易一样也采用了保证金制度，但是有所不同的是期货交易的买卖双方都需要交纳保证金，而期权交易只要求期权的卖方交纳保证金，这是因为期权的买方在购买期权时，必须在下一个交易日的清晨支付全部期权费，这些资金会被存入 OCC，支付了期权费后，买方则享有在到期日执行期权和放弃执行期权的自由，不存在违约行为。而期权的卖方在收取期权费后，就承担了在规定时间内依据买方要求履行合约的义务，为了预防期权卖方的违约风险，则要求其在期权交易开始的时候交纳初始保证金，根据期权种类及市场状况不同，保证金的比例及要求也各不相同。期权保证金的收取方法：由清算公司向其会员收取，再由会员向自己代表的经纪公司收取，最后经纪公司向具体投资者收取。

6.3　基本期权交易策略

期权包括看涨期权和看跌期权，而二者还分成不同的行权价和到期日的契约，因此期权契约的种类非常多，由此期权的交易策略也纷繁复杂，不胜枚举。下面介绍几种基本的交易策略。

6.3.1　单一策略

如果交易者只买入或卖出单独一种选择权，称为单一策略。单一策略包括买入看涨期权、买入看跌期权、卖空看涨期权及卖空看跌期权四种策略。

1. 买入看涨期权

如果投资者预期未来某股票的价格将上涨，他可以买入股票或买入看涨期权，以期得到价格上涨带来的收益。但是买入股票风险较大，因为当股票下跌时会有损失，而买入看涨期权，在股价上涨时会获取利润，当股价下跌时最大的损失是权利金。因此，它比实际购买股票的成本低，风险小。

【例 6-1】　假设某交易者认为某股票未来有上涨的空间，他可以现在买入该股票或该股票的看涨期权，但是这两种策略的成本及损益是完全不同的。假设 3 月 1 日，该股票的收盘价是 65 元，其执行价格为 65 元的看涨期权，收盘价为 6 元，到期日为 6 月 2 日。假设今天是 3 月 2 日，若看好该股票，可以买入此股票，或买入其看涨期权。将买入股票及买入看涨期权两种策略在 3 个月后，即 6 月 2 日到期的损益进行比较，见表 6-2。

表 6-2　买入看涨期权与买入股票到期损益比较

股价	买入股票损益	买入看涨期权损益
45	−20	−6
50	−15	−6
55	−10	−6
60	−5	−6
65	0	−6
70	5	−1
75	10	4
80	15	9
85	20	14

由表 6-2 可以看出，在 6 月 2 日，如果股价上涨到 85 元，则买入股票获利 20 元，而买入看涨期权获利 14（ = 85 − 65 − 6）元。若股票价格下跌到 45 元，则买入股票损失 20 元，但买入看涨期权只损失 6 元。

买入股票在股价下跌时损失很大，而买入看涨期权只损失权利金，所以风险有限。相应，买入股票的绝对收益较大，而买入看涨期权的绝对收益较小，因为买入看涨期权还需扣除权利金的成本。因此，可以看出买入看涨期权是牺牲一些股票上涨的获利，以换取避免股票下跌的可能巨大损失。具体如图 6-1 所示。

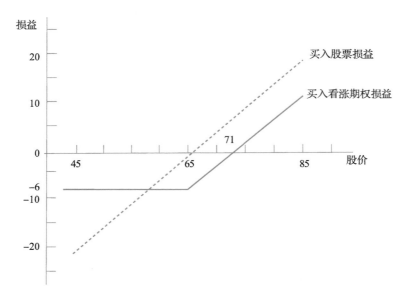

图 6-1　买入看涨期权与买入股票到期损益比较图

买入股票和买入看涨期权还有一点不同的是，看涨期权有到期日。在到期日，如果股价低于执行价格，看涨期权就没有价值，而不像股票可以长期持有，等待未来上涨的机会。所以购买看涨期权时，需特别留意看涨期权的到期日。

2. 买入看跌期权

如果投资者预期未来某股票的价格将下跌，他可以卖空股票或买入看跌期权，以期得到价格下跌带来的收益，但是卖空股票会有风险，因为当股票价格上涨时会有损失。而买入看跌期权则不同，当股价下跌时会获利，当股价上涨时只是损失权利金而已。

承例 6-1，假设某交易者花了 5 元买入执行价格为 65 元的某股票看跌期权，表 6-3 比较了卖空股票及买入看跌期权的损益情形。

表 6-3　买入看跌期权与卖空股票到期损益比较

股价	卖空股票损益	买入看跌期权损益
45	20	15
50	15	10
55	10	5
60	5	0
65	0	−5

（续）

股价	卖空股票损益	买入看跌期权损益
70	− 5	− 5
75	− 10	− 5
80	− 15	− 5
85	− 20	− 5

由表 6-3 可以看出，当股价下跌，卖空股票有较大的收益，但当股价上涨，损失也较大。而买入看跌期权，股价下跌，其收益相对卖空股票低 5 元，这是因为买入看跌期权时支付 5 元权利金。但当股价上涨时，买入看跌期权最多损失 5 元，因此比较两种策略，买入看跌期权是看空市场，兼具保险又可获利的策略。具体如图 6-2 所示。

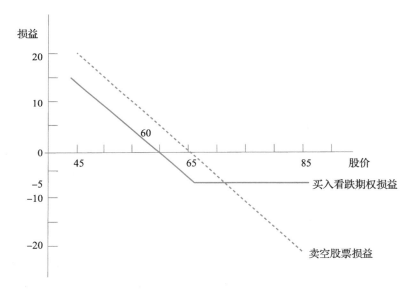

图 6-2　买入看跌期权与卖出股票到期损益比较图

3. 卖空看涨期权

卖出看涨期权与买入看涨期权相反，卖出看涨期权主要策略是预期未来股价下跌或股价不太变动，从而赚取权利金。

由图 6-3 可以看出，卖空看涨期权最大收益为权利金，但是如果股价上涨，这个策略的损失将会很大。买卖选择权的损益是零和游戏，一方有赚，另一方就一定有赔，因此卖空看涨期权的损益刚好和买入看涨期权相反。

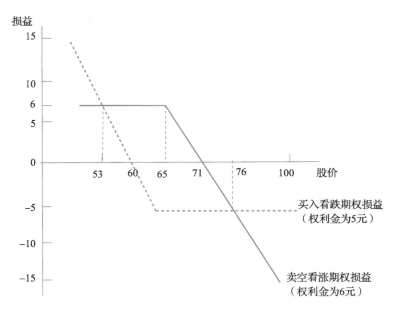

图 6-3　买入看跌期权与卖出看涨期权到期损益比较图

　　卖空看涨期权与买入看跌期权均是看空市场，但是两种策略的报酬形态是不同的，当股价下跌时，买入看跌期权获利很大，而卖空看涨期权获利只限于权利金；当股价上涨时，买入看跌期权只损失权利金，而卖空看涨期权的损失很大；如果股价在执行价格附近，卖空看涨期权将有权利金的收益，而买入看跌期权则会有权利金的损失。

4. 卖空看跌期权

　　卖空看跌期权与买入看跌期权的策略是相反的。卖出看跌期权是预期未来股价上涨或股价不太变动，从而赚取权利金。虽然其与买入看涨期权的策略一样，都是看涨的策略，但是买入看涨期权获利可能无限大，而卖空看跌期权获利是有限的。当股价下跌时，买入看涨期权损失有限，但卖空看跌期权则损失很大。因此，卖空看跌期权策略比较适用于股票价格不变或股价上涨的情况。

　　图 6-4 将买入看涨期权与卖空看跌期权比较，由图 6-4 可以看出，同样是预期股票上涨的情形，买入看涨期权和卖空看跌期权其损益形态不同。当股价上涨时，买入看涨期权获利很大，卖空看跌期权只有权利金，当股票价格下跌时，买入看涨期权只损失权利金，而卖空看跌期权损失很大。当然，股价在执行价格附近时，卖空看跌期权会有权利金的获利，但买入涨跌则仍有权利金的损失。

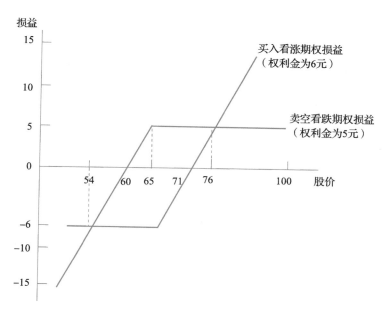

图 6-4　买入看涨期权与卖出看跌期权到期损益比较图

练习与思考 ●●●● >>

有人说，"买入看涨期权与出售看跌期权都是基于对未来价格上涨的预期，因此二者是相同的。"请判断该观点是否正确。

【答案】

该观点错误。期权的买方有权选择是否执行合约，但是期权的卖方在买方要求执行合约时有义务去履行合约。

6.3.2　保护性看跌期权策略

保护性看跌期权策略是指投资组合中包含了股票与看跌期权，即买入股票同时买入看跌期权来弥补股价下跌的损失。

假如投资者想买入某种股票，但是担心股价下跌带来损失，那么他也可以考虑既买入股票，又购买该股票的看跌期权来对冲。假设该投资者以 65 元的价格购买某股票，并以 5 元的执行价格买入该股票的看跌期权，到期后的损益如图 6-5 所示。

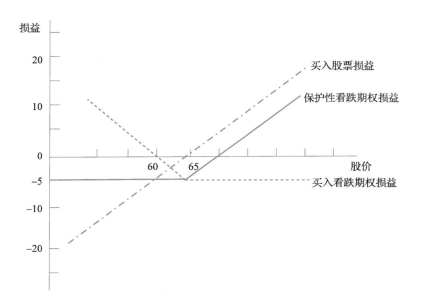

图 6-5　保护性看跌期权到期损益图

如图 6-5 所示，如果股价上涨，买入股票将获利，但是因为买入看跌期权的权利金是 5 元，所以获利会下降 5 元。如果股价下跌，投资者可以通过执行看跌期权而获利，从而抵消股票的损失，并将损失锁定为权利金(5 元)。从图 6-5 可以看出，保护性看跌期权的损益形状是一个买入看涨期权。如果未来股票看跌的概率比较小，那么买入看跌期权的部分可以减少些。比如买入二分之一甚至三分之一单位的看跌期权，以减少权利金成本的支出。

6.3.3　抛补看涨期权策略

抛补看涨期权头寸就是买进股票的同时，卖出它的看涨期权。这种头寸之所以被称为"抛补"，是因为投资者承担的到期出售股票的潜在义务，可以被组合中持有的股票抵补，不需要另外补进股票。

对机构投资者来说，抛补看涨期权是常用的投资策略。比如大量投资于股票基金的经理，他很乐意通过卖出部分或全部股票的看涨期权赚取期权价格收入，并能保证股票按原计划卖出。尽管在股票价格高于执行价格时他仍会损失掉资本利得，但是如果他认为执行价格是他原来就打算的股票卖价，那么抛补的看涨期权就不失为一种好的销售策略。

假定投资组合中包括一只股票价格为 75 元的股票，和一份执行价格为 75 元、权利金为 8 元的卖出看涨期权，到期的损益如图 6-6 所示。

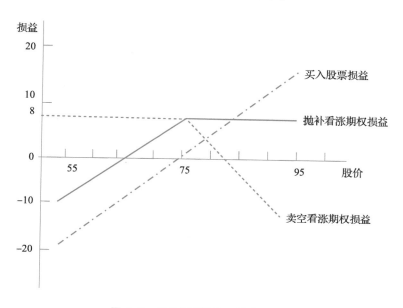

图 6-6　抛补看涨期权到期损益图

由图 6-6 可以看出，这种策略在股价上涨时最大收益为 8 元，而当股价下跌时有较大损失。从图 6-6 可以看出，抛补看涨期权的损益形状是一个卖出看跌期权。

6.3.4　组合策略

组合策略是指投资者同时买入或者卖出具有相同到期日和执行价格的看涨期权和看跌期权，第一种组合策略称为下跨式组合策略，第二种称为上跨式组合策略。

1. 下跨式组合策略

下跨式组合策略是同时买进具有相同执行价格与到期时间的同一种股票的看涨期权与看跌期权。对那些预期股价将大幅升降但不知向哪个方向变动的投资者来说，下跨式组合策略是很有用的策略。假设目前某公司股价为 75 元，预测未来 3 个月内该公司收购某家半导体公司的结果将揭晓。如果收购成功，股价将大涨；反之，股价将下跌。假设投资者各以 8 元及 7 元买入执行价格同为 75 元的 3 个月后到期的看涨期权和看跌期权，则到期时的损益如图 6-7 所示。

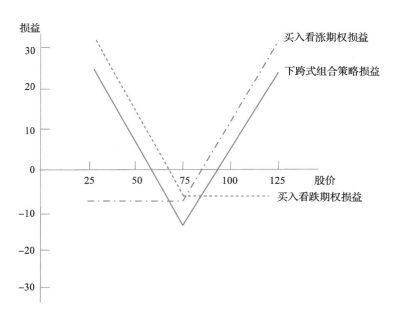

图 6-7　下跨式组合策略到期损益图

由图 6-7 可以看出，由于买入看涨期权与买入看跌期权组合的损益图形如骑马跨鞍的形状，因此称为下跨式组合策略。当股价大涨时，看涨期权获利；当股价下跌时，看跌期权获利。因此股票大涨或大跌时，将会有很大收益。对下跨式组合策略来说，最糟糕的是股票价格没有变化，当股票收盘价停留在执行价格处，这时最大的损失为 15 元（权利金）。下跨式策略的盈亏平衡点是执行价格加减看涨期权与看跌期权的权利金，即 90（ =75 + 15）元和 60（ =75 − 15）元处。

当然，买入看涨期权及看跌期权的比例不一定要 1:1，比如买入 2 单位看涨期权和 1 单位看跌期权，即所谓的多头下跨式。如果你认为股票大涨的机会较大，则可以买入较多的看涨期权，同理，如果你觉得股价跌的机会较大，则可以买入较多看跌期权，称为空头下跨式，这两种组合也合称为比率跨式策略。

2. 上跨式组合策略

上跨式组合策略与下跨式组合策略刚好相反，上跨式组合策略预期股价不太波动，因此卖出看涨期权与看跌期权可以收取权利金。损益图形和下跨式策略刚好相反，如图 6-8 所示。当股价不太变动时可以获利，当股价大幅变动时有损失，因此可以说是获利有限，而损失无穷。

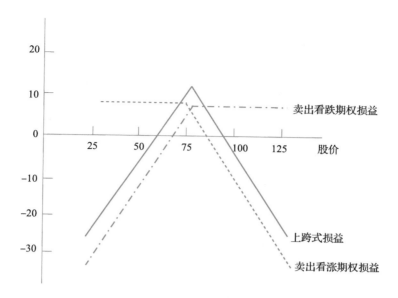

图 6-8　上跨式组合策略到期损益图

○ **本章小结**

- 期权合约使得期权的买方在支付一定数额的权利金后，就拥有在规定期限内，以敲定价格或执行价格买卖一定数量标的物的权利，但是不负有必须购买该种标的物的义务。

- 从期权买方的权利或从买方对价格趋势的预期可将期权划分为看涨期权和看跌期权。

- 按期权合约规定的执行时间，期权可划分为欧式期权和美式期权。

- 按照标的资产市场价格与执行价格的关系，期权可以分为实值期权、平值期权和虚值期权。

- 根据期权交易是否是集中性的以及期权合约是否标准化，期权可分为场内期权和场外期权。

- 期权交易的履约方法有三种：冲销、执行期权和自动失效。

- 期权交易与期货交易一样也采用了保证金制度，但是有所不同的是期货交易的买卖双方都需要交纳保证金，而期权交易只要求期权的卖方交纳保证金。

- 单一策略包括买入看涨期权、买入看跌期权、卖空看涨期权及卖空看跌期权四种策略。

- 保护性看跌期权策略是指投资组合中包含了股票与看跌期权，即买入股票同时买入看跌期权来弥补股价下跌的损失。

- 抛补看涨期权头寸就是买进股票的同时卖出它的看涨期权。
- 组合策略是指投资者同时买入或者卖出具有相同到期日和执行价格的看涨期权和看跌期权，第一种组合策略称为下跨式组合策略，第二种称为上跨式组合策略。

○ 课后习题

1. 举例说明什么是实值期权、平值期权和虚值期权。

2. 请判断下列说法是否正确：

   （a）通常期权费低于期权价格。

   （b）所有实值期权的内在价值都是正的。

   （c）期权出售者的最大收益是期权费。

   （d）买入看涨期权的人只有买入标的资产的权利。

3. 解释经纪人为什么向期权的卖方收取保证金，而不向买方收取？

4. 为什么很多人认为购买看跌期权比卖空股票更好一些？

5. 画出期权四种基本策略的到期损益图，并对风险和收益进行分析。

6. 什么是保护性看跌策略？什么是抛补看涨策略？主要用于何种情况？

7. 什么是组合策略？包括哪些策略？主要用于何种情况？

8. 假设某投资者在到期日时持有下列欧式期权，请分析投资者是否应当执行期权。

   （a）5 000 股 L 公司股票的看跌期权，执行价格为 585 便士，该公司股票当前市价为 520 便士。

   （b）8 000 股 C 公司股票的看涨期权，执行价格为 258 便士，该公司股票当前市价为 210 便士。

   （c）按 1 欧元 = 0.9 美元的交割汇率，用美元兑换 50 万欧元的看涨期权，当前的市场汇率是 1 欧元 = 0.95 美元。

   （d）按 1 英镑 = 1.45 美元的交割汇率将 25 万英镑兑换成美元的看跌期权，当前的市场汇率是 1 英镑 = 1.41 美元。

   （e）投资者可以按 5% 的交割利率借入一定数目的 6 个月名义贷款的看涨期权，当前 6 个月的 LIBOR 是 5.6%。

第7章
CHAPTER7

期权价格分析

学习目标

- 掌握期权价值构成，掌握期权内在价值与时间价值的含义。
- 理解权利金与内在价值、时间价值的关系。
- 掌握期权到期价值的函数及损益。
- 掌握影响期权价格的因素。
- 理解期权价格的上下限。
- 掌握看跌期权与看涨期权的价格关系。

7.1 期权价格构成

期权交易实质是一种权利的交易，期权的买方拥有在规定期限内按照买卖双方约定的价格购买或出售一定数量标的物资产的权利。期权的买方为了获得这个权利，必须支付给期权卖方一定的费用，即期权费或期权价格。在期权交易中，期权价格[⊖]（期权价值）的确定十分重要但却很复杂，一般认为，期权定价的发展史从 1900 年 Louis Bachelier 的创造性工作开始，到 20 世纪 70 年代 Black-Scholes 模型提出为止。在这期间，许多专家学者提出各自的期权定价模型，最为著名的主要有二项式模型和 Black-Scholes 模型，在第 8 章，我们将对这两个模型进行简要的介绍和评价。为了更好地理解这两个模型，我们需要先对各种期权定价模型的理论基础——期权价格的构成、影响期权价格的因素以及期权价格的边界等问题进行深入分析。

7.1.1 期权的内在价值

期权价格由内在价值和时间价值构成。内在价值（intrinsic value）是指期权本身所具有的价值，也是履行期权合约时所能获得的收益。它反映了期权行权价格与标的资产价格之间的变动关系。

$$看涨期权（买权）内在价值 = \max[S_T - X, 0]$$
$$看跌期权（卖权）内在价值 = \max[X - S_T, 0]$$

式中：S_T 表示标的资产价格，X 表示行权价格。

对于看涨期权而言，若期权的执行价格低于其标的物的市场价格，则该期权具有获得利润的可能，这时它的内在价值为正，这种期权也称为实值期权；反之，若看涨期权的执行价格高于其标的物的市场价格，这时期权的买方履约无利可图，其内在价值为 0，这种期权也称为虚值期权。对于看跌期权，情况与看涨期权相反。当看跌期权的执行价格高于其标的物市场价格时，则看跌期权的买方行使其权利就有获得利润的可能，这时期权具有内在价值，看跌期权处于实值状态；若期权的执行价格低于标的物的市场价格，看跌期权的买方履约则无利可图，这时期权处于虚值状态。对于任何一种期权，

⊖ 价格和价值本来是两个不同的概念，它们分别表示市场价格和理论价值，但是在对期权费的研究中一般将两者混用，期权价格就是期权价值，即期权的合理公平价值。

只有当其处于实值状态时，才有内在价值，处于平值或虚值状态时，其内在价值为 0。

7.1.2　期权的时间价值

内在价值是决定期权价格的主要因素，但是不是唯一因素。在现实市场中，各种期权通常以高于内在价值的价格交易，平值期权和虚值期权尤为明显，虽然它们的内在价值为 0，但是在到期前，它们总是以高于 0 的价格买卖。那么，超过期权内在价值的那部分价值则是期权的时间价值（time value）。它反映了期权合约有效时间与潜在风险和收益之间的相互关系。一般来说，期权合约剩余有效时间越长，时间价值也就越大。这是因为，对于期权买方而言，期权合约的有效时间越长，标的资产市场价格变动的可能性就越大，因而其获利的潜力就越大，买方就愿意支付比内含价值更多的权利金来购买这项权利。对于期权卖方而言，期权合约的有效期越长，他承担无条件履约义务的时间就越长，由于买方都是在有利于自己不利于卖方的时候才会行使期权，因此卖方承担的风险较大，他出售合约所要求的权利金就会较大。伴随着合约有效剩余时间的缩短，买卖双方获利机会在减少，承担的风险在减少，时间价值也将逐渐减少。一旦期满未曾实施，该期权也就完全丧失了时间价值。

7.1.3　权利金与内在价值、时间价值的关系

期权合约的权利金即期权价格是由内在价值和时间价值决定的。以看涨期权为例，三者之间的关系可用图 7-1 来表示。

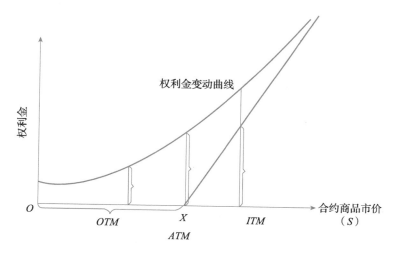

图 7-1　看涨期权权利金与内在价值、时间价值的关系

从静态的角度看，期权价格（权利金）在任一时点都是由内在价值和时间价值两部分组成的。

从动态的角度看，在期权处于虚值（out of money）时，期权只有时间价值，且时间价值随着股价增加而增加；在期权处于实值（in the money）时，期权包括内在价值和时间价值，时间价值随着股价增加而减小；在期权处于平值（at the money）时，期权的时间价值达到峰值；换句话说，期权的时间价值取决于标的资产市价与协定价格之间的差额的绝对值。当差额为零，期权的时间价值最大。当差额的绝对值增大时，期权的时间价值是递减的。

7.2　期权的到期价值

期权的到期价值也可称为"履约价值"，此时期权已经到期了，没有时间价值，所以期权的到期价值即是期权的内在价值，取决于期权标的物的市场价格与执行价格的关系。由于期权分为看涨期权和看跌期权，每类期权又分为买入和卖出两种，下面我们分别说明这四种情况下期权到期日的价值。

7.2.1　看涨期权到期价值

1. 买入看涨期权到期价值

看涨期权到期时，买方有权利按执行价格履约，也可以选择放弃履约合约，主要取决于看涨期权的到期价值。如果看涨期权到期时标的物的市场价格（以股票市价为例）大于执行价格，那么看涨期权的到期价值就等于到期时的股票市价减掉执行价格，买方选择执行合约；如果看涨期权到期时股票市价小于执行价格，那么看涨期权就没有价值，其到期价值为 0，买方会选择放弃执行合约。以函数表示买入看涨期权到期价值：

$$C_T = \begin{cases} S_T - X & \text{如果 } S_T > X \\ 0 & \text{如果 } S_T \leq X \end{cases}$$

或写成 $C_T = \max(S_T - X, 0)$，其中 C_T 为看涨期权到期时价值，S_T 为到期时股票市场价格，X 为执行价格；$\max(,)$ 表示取括号内两项数值中较大的一项。

假设投资者持有执行价格为 100 元的 M 公司股票看涨期权，权利金为每股 5 元，到期时如果 M 公司的股票价格为 110 元，那么买入看涨期权价格为 10（= 110 - 100）元；如果 M 公司的股票价格低于 100 元，那么买入看涨期权价格为 0。

如果投资者考虑投资损益的话，那么还需要在期权价值中扣除权利金，即 M 公司的股票价格为 110 元时，买入看涨期权的净收益为 5（= 110 - 100 - 5）元；M 公司的股票价格低于 100 元时，买入看涨期权的净损失为 5 元。具体公式如下：

买入看涨期权的净损益 = 买入看涨期权的到期价值 - 权利金

由上例可知，只有在到期时股票市价高于 105 元，投资收益才开始为正，因为只有在此价格下，买入看涨期权的到期价值为 5（= 105 - 100）元，等于购买期权的成本。因此 105 元是盈亏平衡点，只有股票市价更高时，买方才有盈利。

买入看涨期权到期价值及投资损益如图 7-2 所示。

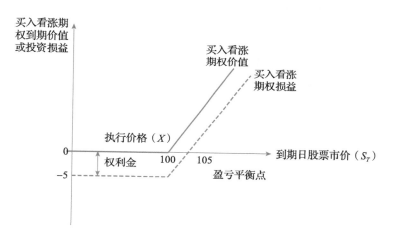

图 7-2　买入看涨期权到期价值及投资损益

2. 卖出看涨期权到期价值

看涨期权的卖方收取了买方支付的权利金，成为或有负债的持有人，其负债的金额不确定。在合约到期时，如果买方要求按执行价格履约，则卖方有义务无条件地执行合约。即如果看涨期权到期时股票市价大于执行价格，则期权会被执行，卖方必须履约，把现价为 S_T 的股票仅以 X 价格卖给买方，卖方就会损失 $S_T - X$。以函数表示卖出看涨期权到期价值：

$$C_T = \begin{cases} -(S_T - X) & \text{如果 } S_T > X \\ 0 & \text{如果 } S_T \leqslant X \end{cases}$$

或写成 $C_T = \min(X - S_T, 0)$，其中 C_T 为看涨期权到期时价值，S_T 为到期时股票市场价格，X 为执行价格；$\min(\ ,\ )$ 表示取括号内两项数值中较小的一项。

假设投资者卖出执行价格为 100 元的 M 公司股票看涨期权，权利金为每股 5 元，到期时如果 M 公司的股票价格为 110 元，那么卖出看涨期权价值为 $-10(\ =100-110)$ 元；如果 M 公司的股票价格低于 100 元，那么卖出看涨期权价值为 0。

如果投资者考虑投资损益的话，那么还需要在期权价值中加上权利金，即 M 公司的股票价格为 110 元时，卖出看涨期权的净收益为 $-5(\ =100-110+5)$ 元；M 公司的股票价格低于 100 元时，卖出看涨期权的净收益为 $5(\ =0+5)$ 元。具体公式如下：

$$卖出看涨期权的净损益 = 卖出看涨期权的到期价值 + 权利金$$

只有在到期时股票市价低于 105 元，卖方投资收益才为正，因为只有在此价格下，卖出看涨期权的到期价值为 $-5(\ =100-105)$ 元，等于收到的权利金。因此 105 元是盈亏平衡点，只有股票市价更低时，卖方才有盈利。

图 7-3 描述了卖出看涨期权到期价值及投资损益关系，与对应的买入看涨期权到期价值及投资损益成镜像关系。

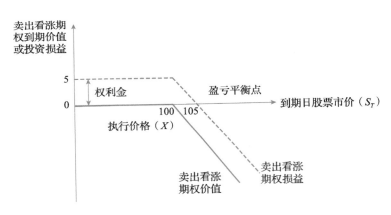

图 7-3　卖出看涨期权到期价值及投资损益

7.2.2　看跌期权到期价值

1. 买入看跌期权到期价值

买入看跌期权到期价值与买入看涨期权到期价值刚好相反。如果看跌期权到期时股票市价低于执行价格，那么看跌期权的到期价值就等于到期时的执行价格减掉股票市价，买方选择执行合约；如果看跌期权到期时股票市价大于执行价格，那么看跌期权就没有价值，其到期价值为 0，买方会选择放弃执行合约。以函数表示买入看跌期权到期价值：

$$P_T = \begin{cases} X - S_T & 如果\ S_T < X \\ 0 & 如果\ S_T \geqslant X \end{cases}$$

或写成 $P_T = \max(X - S_T，0)$，其中 P_T 为看跌期权到期时价值，S_T 为到期时股票市场价格，X 为执行价格，$\max(,)$ 表示取括号内两项数值中较大的一项。

假设投资者持有执行价格为 100 元的 M 公司股票看跌期权，权利金为每股 5 元，到期时如果 M 公司的股票价格为 80 元，那么买入看跌期权价值为 20（=100－80）元；如果 M 公司的股票价格高于 100 元，那么买入看跌期权价值为 0。

同样，如果投资者考虑投资损益的话，那么还需要在期权价值中扣除权利金，即 M 公司的股票价格为 80 元时，买入看跌期权的净收益为 15（=100－80－5）元；M 公司的股票价格高于 100 元时，买入看跌期权的净损失为 5 元。具体公式如下：

买入看跌期权的净损益 = 买入看跌期权的到期价值 － 权利金

只有在到期时股票市价低于 95 元，投资收益才开始为正，因为只有在此价格下，买入看跌期权的到期价值为 5（=100－95）元，等于购买期权的成本。因此 95 元是盈亏平衡点，只有股票市价更低时，买方才有盈利。

买入看跌期权到期价值及投资损益如图 7-4 所示。

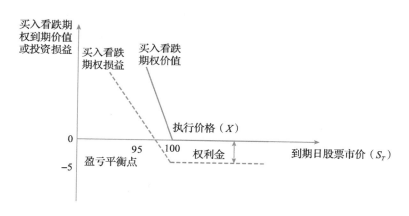

图 7-4　买入看跌期权到期价值及投资损益

2. 卖出看跌期权到期价值

看跌期权的卖方收取了买方支付的权利金，成为或有负债的持有人。在合约到期时，如果买方要求按执行价格履约，则卖方有义务无条件地执行合约。即如果看跌期权到期时股票市价小于执行价格，则期权会被执行，卖方必须履约，买方把现价为 S_T 的股票以更高的 X 价卖给卖方，卖方就会损失 $X - S_T$。以函数表示卖出看涨期权到期价值：

$$P_T = \begin{cases} -(X - S_T) & \text{如果 } S_T < X \\ 0 & \text{如果 } S_T \geq X \end{cases}$$

或写成 $P_T = \min(S_T - X, 0)$，其中 P_T 为看跌期权到期时价值，S_T 为到期时股票市场价格，X 为执行价格，$\min(\ ,)$ 表示取括号内两项数值中较小的一项。

假设投资者卖出执行价格为 100 元的 M 公司股票看跌期权，权利金为每股 5 元，到期时如果 M 公司的股票价格为 80 元，那么卖出看跌期权价值为 -20 元；如果 M 公司的股票价格高于 100 元，那么卖出看跌期权价值为 0。

同样，如果投资者考虑投资损益的话，那么需要在期权价值中加上权利金，即 M 公司的股票价格为 80 元时，卖出看跌期权的净收益为 -15(= 80 - 100 + 5)元；M 公司的股票价格高于 100 元时，卖出看跌期权的净收益为 5(= 0 + 5)元。具体公式如下：

卖出看跌期权的净损益 = 卖出看跌期权的到期价值 + 权利金

只有在到期时股票市价高于 95 元，投资收益才开始为正，因为只有在此价格下，卖出看跌期权的到期价值为 -5(= 95 - 100)元，等于收到的权利金。因此 95 元是盈亏平衡点，只有股票市价更高时，卖方才有盈利。

卖出看跌期权到期价值及投资损益如图 7-5 所示，其与对应的买入看跌期权到期价值及投资损益成镜像关系。

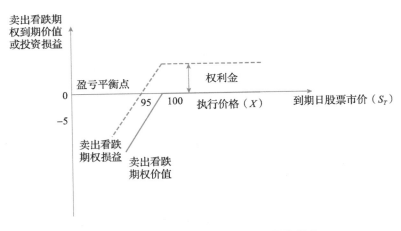

图 7-5　卖出看跌期权到期价值及投资损益

7.3 影响期权价格的因素

期权价格由内在价值和时间价值构成，那么影响内在价值和时间价值的因素，也就是影响期权价格的因素。这里我们从直观上解释这些影响期权价格的因素，这有助于大家更好地理解期权定价的 Black-Scholes 公式。当考虑每一个因素的影响时，我们假设其他因素不变，并假设投资者为多头的情况，即买入看涨期权或看跌期权。

7.3.1 标的资产的市场价格(S)

标的资产的市场价格对期权价格的影响因不同期权类型而不同。看涨期权赋予期权的购买者在预先规定的时间以执行价格从期权出售者手中买入一定数量的标的资产的权利。由于执行价格是一定的，如果标的资产市场价格上升，标的物价格和执行价格的差——看涨期权的内在价值就会增加，看涨期权的价值也就随着增加。同理，看跌期权赋予期权的购买者在预先规定的时间以执行价格向期权出售者卖出一定数量的标的资产的权利。由于执行价格一定，标的资产的市场价格上升，执行价格和标的资产的市场价格的差——看跌期权的内在价值就会下跌，看跌期权的价值也会减少。

7.3.2 执行价格(X)

同理，执行价格对期权价格的影响也因不同期权类型而不同。如果是看涨期权，执行价格越高其内在价值越小，所以执行价格高的看涨期权价格较小，相反执行价格越低的看涨期权价格越大。

与看涨期权相反，看跌期权的执行价格越高其内在价值越高，所以执行价格高的看跌期权价格较高，相反执行价格越低的看跌期权价格越小。

7.3.3 期权的到期期限(T)

对于美式期权而言，由于它可以在有效期内任何时间执行，越长的到期时间意味着期权执行时越可能处于实值状态，多头获利机会越大，而且到期时间长的期权包含了到期时间短的期权的所有执行机会，因此，到期时间越长，美式期权的价值越大。

一般而言，欧式期权的价值也会随着到期时间的延长而增加，因为它有更长的时间在到期日进入实值状态，而处于虚值状态时，损失也会止于期权价格。然而，一种特殊情况是，公司计划近日将支付一大笔红利，这将使股票价格下跌，这种情况下"短生命期"的看涨期权可能比"长生命期"的看涨期权价格要高。

7.3.4　波动率（σ）

标的资产价格的波动率用来衡量未来标的资产价格变动的不确定性。随着波动率的增加，标的资产价格上升很高或下降很低的可能性增大。由于期权的损益具有不对称性，即看涨期权的买方只有有限的下行风险，因此标的资产价格的波动率较大，也增加了股票处于高价格的机会，在下跌风险有限的同时，增加了看涨期权的获利机会。

同理，对于看跌期权的买方，可以从股票价格下跌中受益，如果股票价格上涨，只承担有限的亏损。因此，不管是看涨期权还是看跌期权，当标的资产价格的波动率增大时，期权的价值会随之增加。

7.3.5　无风险利率（r）

无风险利率是指期权交易中的机会成本。我们来看一下买入看涨期权和买入标的资产的区别。如果买入了看涨期权，只要先付少量权利金，合约到期时再按执行价格支付价款，而如果买入现货则要马上支付全部价款。也就是说，相对于买入现货来说，买入看涨期权具有延迟付款的效果，相对节省的资金可以带来机会收益，因此无风险利率越高，对看涨期权的买方来说也就越有利，即随着无风险利率的增加，看涨期权的价格随之增加。

买入看跌期权与卖出现货具有一定的替代性，但是买入看跌期权比卖出现货晚收到货款，所以看跌期权的价格随利率增加而减少。在无风险利率较高的情况下，投资者显然会选择卖出现货，获得资金用于投资赚取较高的利息收益，而买入看跌期权却需要支付期权费，因此无风险利率与看跌期权的价值呈反向关系。

各个因素对期权价格的影响如表7-1所示。

表7-1　期权价格影响因素

影响因素	欧式看涨	美式看涨	欧式看跌	美式看跌
标的资产现行价格 S	+	+	—	—
执行价格 X	—	—	+	+

（续）

影响因素	欧式看涨	美式看涨	欧式看跌	美式看跌
到期日 T	不确定	＋	不确定	＋
无风险利率 r	＋	＋	－	－
标的资产收益率标准差 σ	＋	＋	＋	＋

由以上分析可知，决定和影响期权价格的因素很多，而且各因素对期权价格的影响也很复杂。Black-Scholes 的定价公式就是来量化这些影响因素，从而确定期权价格，即 C（或 P）$= f(S, X, T, \sigma, r)$。推导 Black-Scholes 的定价公式具有相当的难度，因此我们在解释看跌—看涨平价关系和二项式期权定价模型后，再对 Black-Scholes 的定价公式进行介绍。

7.4　期权价格的上下限

本节所要讨论的是期权的边界条件，虽然我们还不知道期权的理论价格是多少，但是可以了解到期权价格应该在某一个范围内，不会低于或高于某一个价格。如果期权价格超出这个范围则不合理，就会有套利机会出现，而套利交易将会使看涨期权、看跌期权的价格回到无套利范围内。为了更好地阐述期权价格的边界，现将相关的符号定义如下。

S_0：股票现价。

X：期权执行价格。

T：期权的到期时间，即天数/365。

S_T：股票在 T 时刻的价格。

r：在 T 时刻到期的投资的无风险收益率（连续复利）。

c：购买一股股票的欧式看涨期权的价格。

C：购买一股股票的美式看涨期权的价格。

p：购买一股股票的欧式看跌期权的价格。

P：购买一股股票的美式看跌期权的价格。

7.4.1　期权价格的上限

1. 看涨期权价格的上限

美式看涨期权（C）或欧式看涨期权（c）的持有者有权以某一确定的价格（执行价格）

购买一股股票，即使执行价格为 0，期权的价格也不会超出股票价格。这是因为如果看涨期权价格高于股价，那么一个套利者就可以购买股票，并同时出售期权，从中获得无风险收益。假设某股票的看涨期权价格是 30 元，股价是 25 元，那么套利者可以卖出看涨期权，获得 30 元去买 25 元的股票，立即净赚 5 元。到期时，看涨期权的买方如果要求履约，套利者可以将手中的股票交付给对方，而且可以拿到执行价格 X 元。套利行为会使看涨期权价格小于或等于股票价格，这便是看涨期权价格的上限，用公式表示如下：

$$c \leqslant S_0 \quad 及 \quad C \leqslant S_0$$

2. 看跌期权价格的上限

美式看跌期权（P）或欧式看跌期权（p）的持有者有权以执行价格 X 卖出一股股票，最好的情况是股票价格为 0，那么美式看跌期权的价格就是执行价格，即期权的价格不会高于执行价格，即：

$$P \leqslant X$$

对于欧式看跌期权，在 T 时刻，期权的价格不会超过 X。因此，当前期权价格不会超过 X 的折现值，即：

$$p \leqslant Xe^{-rT}$$

如果以上不等式不成立，那么一个套利者可以卖出一个期权，同时将卖出的期权所得以无风险利率进行投资，套利者可以获得无风险收益。

7.4.2 期权价格的下限

1. 欧式看涨期权价格的下限

（1）无红利支付股票欧式看涨期权价格的下限。

为了推导欧式看涨期权价格的下限，我们构造如下两个组合。

组合 A：一份欧式看涨期权加上金额为 Xe^{-rT} 的现金。

组合 B：一股股票。

在组合 A 中，现金按无风险理论投资，在 T 时刻将变为 X。如果 $S_T > X$，在 T 时刻应执行看涨期权，则组合 A 的价值为 $S_T - X + X = S_T$。如果 $S_T \leqslant X$，期权的到期价值为 0，则组合 A 的价值为 X。因此在 T 时刻，组合 A 的价值为 $\max(S_T, X)$。

在 T 时刻组合 B 的价值为 S_T。因此，在 T 时刻组合 A 的价值总是高于或等于组合 B 的价值，那么在不存在套利机会的情况下，下列等式应该成立：

$$c + Xe^{-rT} \geqslant S_0$$

即
$$c \geqslant S_0 - Xe^{-rT}$$

期权的价值一定为正，因此无红利支付股票欧式看涨期权价格的下限为：
$$c \geqslant \max(S_0 - Xe^{-rT}, 0)$$

（2）有红利支付股票欧式看涨期权价格的下限。

假设 D 表示在期权有效期内支付红利的现值，并假定在除权日发放红利。我们只需将上述组合 A 的现金改为 $D + Xe^{-rT}$，并经过类似推导，就可以得出有红利支付股票欧式看涨期权价格的下限：
$$c \geqslant \max(S_0 - D - Xe^{-rT}, 0)$$

2. 欧式看跌期权价格的下限

（1）无红利支付股票欧式看跌期权价格的下限。

为了推导欧式看跌期权价格的下限，我们构造如下两个组合。

组合 E：一份欧式看跌期权加上一股股票。

组合 F：金额为 Xe^{-rT} 的现金。

在 T 时刻，如果 $S_T < X$，期权将被执行，则组合 E 的价值为 $S_T - X + S_T = X$。如果 $S_T \geqslant X$，期权的到期价值为 0，则组合 E 的价值为 S_T。因此在 T 时刻，组合 E 的价值为 $\max(S_T, X)$。

在 T 时刻组合 F 的价值为 X。因此，在 T 时刻组合 E 的价值总是高于或等于组合 F 的价值，那么在不存在套利机会的情况下，下列等式应该成立：
$$p + S_0 \geqslant Xe^{-rT}$$

即
$$p \geqslant Xe^{-rT} - S_0$$

期权的价值一定为正，因此无红利支付股票欧式看跌期权价格的下限为：
$$p \geqslant \max(Xe^{-rT} - S_0, 0)$$

（2）有红利支付股票欧式看跌期权价格的下限。

假设 D 表示在期权有效期内支付红利的现值，并假定在除权日发放红利。我们只需将上述组合 F 的现金改为 $Xe^{-rT} + D$，并经过类似推导，就可以得出有红利支付股票欧式看跌期权价格的下限：
$$p \geqslant \max(Xe^{-rT} + D - S_0, 0)$$

3. 美式看涨期权价格的下限

（1）无红利支付股票美式看涨期权价格的下限。

首先，我们要说明提前执行无红利支付的美式看涨期权是不明智的。主要有两个原因：一是持有看涨期权而不是持有股票本身时，可以保证持有者在股票价格下降到执行价格之下时不受损失，如果期权被执行，这种保证就消失了；二是提前执行需要支付执行价格，这将失去以执行价格为本金，期限为执行期权日到期权到期日这段时间的利息收入，即使投资者认为股票现在被高估，并不打算在期权有效期内一直持有股票，那么也最好在市场上出售期权而不是执行期权并卖出股票。因为在 τ 时刻提前执行期权并卖出交割的股票所获得的收益是 $S_\tau - X$，如果不提前执行而是卖出期权的价格大于 $S_\tau - Xe^{-r(T-\tau)}$（否则出现套利机会），由于 $e^{-r(T-\tau)} < 1$，那么 $S_\tau - Xe^{-r(T-\tau)} > S_\tau - X$，因此出售期权获得的收益大于提前执行期权获得的收益，也就是说提前执行无红利支付的美式看涨期权是不明智的。因此，同一种无红利支付美式看涨期权的价格应等于欧式看涨期权的价格，即 $C = c$。无红利支付美式看涨期权下限为：

$$C \geq \max(S_0 - Xe^{-rT}, 0)$$

（2）有红利支付股票美式看涨期权价格的下限。

当预期有红利支付时，美式看涨期权有可能提前执行。这是因为发放现金红利将使股票价格跳空下跌，使期权的价值下降。由于在没有红利支付的情况下看涨期权不应该提前执行，因此在有红利支付的情况下，只有在股票支付红利前的瞬间执行期权才是最优策略。假设期权到期前，股票有 n 个除权日，t_1，t_2，$\cdots$，t_n 为股票支付红利前的瞬间，在这些时刻的红利分别为 D_1，D_2，$\cdots$，D_n。如果期权在 t_n 时刻执行，投资者获得 $S(t_n) - X$ 的收益。如果期权没有被执行，股票价格下降到 $S(t_n) - D_n$，则该期权价格的下限类似于支付红利情况下的欧式看涨期权下限，因此期权的价值应大于：

$$S(t_n) - D_n - Xe^{-r(T-t_n)}$$

如果
$$S(t_n) - D_n - Xe^{-r(T-t_n)} \geq S(t_n) - X$$

即当
$$D_n \leq X(1 - e^{-r(T-t_n)})$$

则期权在 t_n 时刻执行不是最佳决策。

如果
$$D_n > X(1 - e^{-r(T-t_n)})$$

就应该在 t_n 时刻执行期权（当最后除权日与期权到期日相当接近而且红利很大时，上述不等式有可能成立）。

对于任意 $i < n$，如果有
$$D_i \leq X(1 - e^{-r(t_{i+1}-t_i)})$$

则在 t_i 时刻执行期权不是最佳选择。

4. 美式看跌期权价格的下限

（1）无红利支付股票美式看跌期权价格的下限。

提前执行无红利支付的美式看涨期权是不明智的，但是，在看跌期权的实值很大时，提前执行无红利支付的美式看跌期权可能是明智的。

考虑一个极端的例子，假设一个美式看跌期权，执行价格为 100 元，标的股票价格接近为 0。通过立即执行期权，投资者可以立即获利 100 元。如果推迟执行，则投资者的盈利可能低于 100 元，因为股票价格不可能为负值，因此盈利不会超过 100元。另外，及早收到 100 元，也可以将 100 元以无风险利率投资获得利息收益。但是并不是我们下结论说无红利支付股票美式看跌期权提前执行更有利。因为看跌期权与看涨期权类似，也能提供保险，可以保证期权持有者在股票价格跌破某一特定的水平时不受损失。实际操作中，是否提前执行取决于未来股市波动的预计、利率的增加和卖权实值额的大小。

无红利支付股票欧式看跌期权价格的下限为：

$$p \geqslant \max(Xe^{-rT} - S_0, 0)$$

无红利支付股票美式看跌期权的价格同样以其内在价值为下限，既然可能提前执行是有利的，则：

$$P \geqslant \max(X - S_0, 0)$$

（2）有红利支付股票美式看跌期权价格的下限。

对于美式看跌期权，由于红利支付会使股票价格跳跃性下跌，从而增加看跌期权的内在价值，因此红利使得美式看跌期权更不可能在预计支付红利情况下提前执行。因此，有红利支付股票美式看跌期权价格的下限与无红利支付股票欧式看跌期权价格的下限相同，即：

$$P \geqslant \max(Xe^{-rT} + D - S_0, 0)$$

7.5 看跌期权与看涨期权的价格关系

7.5.1 看跌看涨期权平价关系

上节介绍了看涨期权与看跌期权的上限和下限，也就是说看涨期权或看跌期权价格应该限制在某个区间内，否则就会有套利情形出现。其实，看涨期权和看跌期权价格之间也存在着密切的关系，也就是"看跌看涨期权平价关系"，即对相同目标资产

（如相同股票）、相同执行价格、相同到期日的欧式看涨期权和看跌期权，在某个时点，看涨期权价格减去看跌期权价格应该等于当时股价减去执行价格折现值，否则就会有套利机会。以公式表示如下：

$$c - p = S - Xe^{-rT}$$

看跌看涨期权平价关系公式最早是由美国财务学家 Hans Stoll 在 1969 年推导出来的[一]，后来的 Black 和 Scholes 也采用此平价理论公式来推导看跌期权公式。即具有某一确定执行价格和到期日的欧式看跌期权的价值可以根据相同执行价格和到期日的欧式看涨期权的价值推导出来。

7.5.2　看跌看涨期权平价关系公式的推导

为了推导出欧式看跌期权与看涨期权的关系，我们构造如下两个组合。

组合 M：购买一份欧式看涨期权（c），加上金额为 Xe^{-rT} 的现金。

组合 N：购买一份欧式股票卖权（p）和持有一股股票（S）。

在期权到期时，如果 $S_T > X$，组合 M 的价值为 $S_T - X + X = S_T$，组合 N 中的看跌期权不会执行，其价值为 0，因此组合 N 的价值仅仅是股票的价值 S_T。如果 $S_T \leqslant X$，组合 M 中的看涨期权不会执行，其价值为 0，因此组合 M 的价值仅仅是现金的价值 X。组合 N 的价值为 $S_T + X - S_T = X$。因此，无论在何种情况下，T 时刻，组合 M 和组合 N 的价值相等，都是 $\max(S_T, X)$。两个组合的价值如表 7-2 所示。那么，在不存在无风险套利的情况下，根据一价定律[二]（law of one price），组合 M 和组合 N 现在的价值应该相等，也就是说：

$$c + Xe^{-rT} = p + S$$

表 7-2　不同投资组合到期价值

组合	到期价值	
	$S_T > X$	$S_T \leqslant X$
组合 M		
欧式股票看涨期权（c）	$S_T - X$	0
现金（Xe^{-rT}）	X	X
期末组合 M 的价值	$S_T - X + X = S_T$	X

○　Stoll, Hans R. The Relationship between Put and Call Option Prices. *Journal of Finance*, 24, December 1969: 802-824.

○　一价定律认为，如果一只证券的回报能通过其他证券的组合合成创造出来，该组合的价格与作为复制回报的基础证券价格肯定是相等的。无风险套利将使任何价格偏离恢复均衡。

（续）

组合	到期价值	
	$S_T > X$	$S_T \leq X$
组合 N		
购买股票(S)	S_T	S_T
欧式股票看跌期权(p)	0	$X - S_T$
期末组合 N 的价值	$S_T + 0 = S_T$	$S_T + X - S_T = X$

假设在期权有效期内支付的红利的现值为 D，可以将组合 M 重新定义为：一份欧式看涨期权(c)加上金额为 $D + Xe^{-rT}$ 的现金。经过推导，可以得到：

$$c + D + Xe^{-rT} = p + S$$

○ 本章小结

- 期权价格由内在价值和时间价值构成。内在价值是指期权本身所具有的价值，也是履行期权合约时所能获得的收益。超过期权内在价值的那部分价值则是期权的时间价值。

- 期权的到期价值也可称为"履约价值"，此时期权已经到期了，没有时间价值，所以期权的到期价值即是期权的内在价值，取决于期权标的物的市场价格与执行价格的关系。

- 影响期权价格的因素有标的资产的市场价格、执行价格、期权的到期期限、波动率、无风险利率。

- 期权价格应该在某一个范围内，不会低于或高于某一个价格。如果期权价格超出这个范围则不合理，就会有套利机会出现，而套利交易将会使看涨期权、看跌期权的价格回到无套利范围内。

- 对相同目标资产(如相同股票)、相同执行价格、相同到期日的欧式看涨期权和看跌期权，在某个时点，看涨期权价格减去看跌期权价格应该等于当时股价减去执行价格折现值，否则就会有套利机会。

○ 课后习题

1. 分析影响期权权利金的因素。
2. 期权的内在价值为什么不能为负值？
3. 简述权利金与内在价值、时间价值的关系。

4. 解释为什么一个美式期权的价格不会低于同一资产且具有相同期限及执行价格的欧式期权的价格。

5. 解释为什么一个美式期权的价格至少等于其内在价值。

6. 阐述看跌看涨期权平价关系。

7. 一份针对 Y 公司的欧式股票看跌期权的执行价格为 800 便士，其当前的期权价格是 70 便士。该公司股票的当前市场价格是 762 便士，假设 800 便士的现值是 793 便士。

   一个执行价格和到期日都一样，针对 Y 公司股票的看涨期权的价格是多少？

第8章
CHAPTER8

期权定价模型

🧭 学习目标

- 掌握单期二叉树模型。
- 理解多期二叉树模型。
- 熟悉二叉树模型的现实应用。
- 掌握风险中性定价原理。
- 掌握 Black-Scholes 期权定价模型。
- 理解期权价格的敏感性分析。

随着期权的产生和广泛应用，众多学者对期权定价进行了深入研究和探索，1973年，美国芝加哥大学的费希尔·布莱克教授和迈伦·斯科尔斯教授在美国《政治经济学杂志》发表了一篇名为"期权定价与公司负债"的论文；同年，美国哈佛大学罗伯特·默顿教授在另一刊物《贝尔经济与管理科学杂志》上发表了一篇关于期权定价的论文——"期权的理性定价理论"。这两篇论文奠定了期权定价模型的理论基础。斯科尔斯教授和默顿教授因其在建立期权定价模型方面所做出的开拓性贡献被授予1997年诺贝尔经济学奖，布莱克教授因在1995年8月30日逝世而未能享此殊荣。Black-Scholes 期权定价模型为期权定价开创了一个新的时代，该模型不仅在理论上具有重大的创新，而且具有极强的应用价值。但是，由于该模型涉及比较复杂的数学问题，对于大多数人而言较难理解和操作。有鉴于此，J. Cox、S. Ross 和 M. Rubinstein 三人于1979年发表了一篇论文——"期权定价：一种被简化的方法"。该论文以一种比较浅显的方法导出期权定价模型，这一模型被称为"二叉树模型"（Binomial Model）。该模型的优点是比较简单直观，不需要太多的数学知识就可以理解和应用。基于知识讲解由浅入深的思路，本章首先阐述二叉树定价模型、风险中性概率定价，最后介绍 Black-Scholes 期权定价模型。

8.1　二叉树期权定价模型

二叉树模型首先把期权的有效期分成若干个极小的时间间隔 Δt，并假设在每个时间间隔 Δt 内证券价格只有两种运动的可能：从开始的 S 上升到原来的 u 倍，即达到 S_u，或下降到原来的 d 倍，即 S_d，相应的期权价值也会有所不同，分别为 f_u 和 f_d。在较大的时间间隔内，这种二值运动的假设是不符合实际的，但是当时间间隔非常小的时候，比如在每个瞬间，资产价格只有这两个运动方向的假设是可以接受的。因此，二叉树模型实际上是在用大量离散的小幅度二值运动来模拟连续的资产价格运动。

8.1.1　单期二叉树模型

1. 一个简单的例子

单期二叉树模型期权定价运用了复制原理，其基本思路是，首先构造一个复制组合，复制一个与期权具有完全相同价值的其他证券组合。因为这两者在一期后具有相同的现金流或支付，根据无套利原理[⊖]，这意味着期权与复制组合的当前价值必定相等。下面我们通过一个简单的例子说明复制原理。

【例 8-1】 假设一份欧式股票看涨期权，其执行价格为 21 元，标的股票的现价为 20 元，不支付红利，1 期后，股票价格可能上涨到 22 元或下降到 18 元，单期无风险利率为 3%。我们用二叉树表示相关信息，如图 8-1 所示。

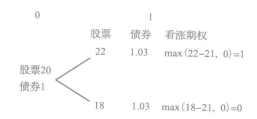

图 8-1　单期二叉树模型下股票与看涨期权价值

我们将股价上升定义为上升状态，将股价下降定义为下降状态。由以上二叉树可以看到，在单期每一状态下，股票、债券（为了简化，假设债券的现价为 1 元，经过 1 期后价值为 1.03 元）、看涨期权的价值。

为了确定期权的当前价值，我们需要构造一个股票和债券的组合来复制每一状态下期权的价值，令 Δ 表示购买的股票数量，B 表示对债券的初始投资。由于上升状态下，看涨期权的价值为 1 元，则组合的价值必为 1 元，即：

$$22\Delta + 1.03B = 1 \tag{8-1}$$

下降状态下，看涨期权的价值为 0，则组合的价值必为 0 元，即：

$$18\Delta + 1.03B = 0 \tag{8-2}$$

等式（8-1）和（8-2）构成一个二元一次联立方程，通过计算求解为：

$$\Delta = \frac{1 - 0}{22 - 18} = 0.25$$

将 $\Delta = 0.25$ 代入式（8-1）或（8-2），可得 $B \approx -4.37$。

由买入 0.25 股股票和卖出价值约为 4.37 元的债券（即以 3% 的利率借入 4.37 元）所构成的投资组合，经过 1 期后，将与看涨期权的价值完全相等。

⊖ 无套利原理是用市场中其他金融资产的头寸复制该"头寸"的收益，然后在市场均衡的条件下求出复制证券组合的价格，并由此测算出该项头寸在市场均衡时的价格。如果价格过高或者过低，都可能出现套利机会。在一个完善的资本市场中，人们的套利活动必然引起资产价格趋于合理，并最终使套利机会消失。

根据无套利原理，看涨期权的价格必定等于复制组合的当前市场价值，即股价为 20 元的 0.25 股股票价值减去 4.37 元的借款额：

$$20\Delta + B = 20 \times 0.25 - 4.37 = 0.63(\text{元})$$

看涨期权的当前价格为 0.63 元。

2. 二叉树期权定价公式

通过上述例子，我们已经了解通过复制原理进行期权定价的基本理念，下面将上述定价过程一般化，即可得到基本的二叉树期权定价模型。假设当前的股价为 S，在下一期，股价或者上涨至 S_u，或者下跌为 S_d。无风险利率为 r_f。假设股价上涨，期权的价值为 f_u；股价下跌，期权的价值为 f_d。下面来确定期权在今天的价值（价格）。

图 8-2　单期二叉树模型下的股票价格和期权价格

确定股票的数量和债券的头寸 B，以便使得复制组合的支付在股价上涨或下跌时，与期权的支付相匹配：

$$S_u\Delta + (1 + r_f)B = f_u \tag{8-3}$$

$$S_d\Delta + (1 + r_f)B = f_d \tag{8-4}$$

通过等式（8-3）和（8-4）联立方程求解 Δ 和 B：

$$\Delta = \frac{f_u - f_d}{S_u - S_d}$$

$$B = \frac{f_d - S_d\Delta}{1 + r_f}$$

期权在今天的价值 f 就等于复制组合的成本：

$$f = S\Delta + B$$

8.1.2　多期二叉树模型

单期二叉树模型虽然比较简单，但是包含着二叉树定价模型的基本原理和方法。为了使模型更接近现实，可以将其进一步拓展到多步二叉树模型。为了便于理解，我们首先考虑两期二叉树模型，在单期模型中，股票价格或者上升或者下降，未来的股票价格只有两种。但是如果增加一个时期，在第二期末，股价变化的结果就会增加为三种。

承例 8-1，我们继续假设，股价在两期内波动，每期的股价或者上升 10% 或者下降 10%，则股价与期权价格变动的二叉树如图 8-3 所示。

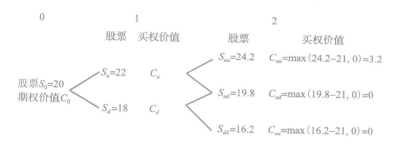

图 8-3　两期二叉树图中的股票价格和期权价格

我们的目的是计算出树图中初始节点的 C_0 的价格，我们可以采用倒推定价的方法，从树图的末端时刻开始往回倒推，为期权定价。在本例中，期权在第 2 期末到期，当股价上升到 24.2 元时，期权的价值为 3.2 元，当股价下降到 19.8 元时，期权的价值为 0。我们可以采用单期二叉树期权定价公式计算：

$$\Delta = \frac{3.2 - 0}{24.2 - 19.8} \approx 0.73$$

$$B = \frac{0 - 19.8 \times 0.73}{1 + 3\%} \approx -14.03$$

则：

$$C_u = 22 \times 0.73 - 14.03 \approx 2.03(元)$$

接着，我们发现当股价上升到 19.8 元和下降到 16.2 元时，期权均处于虚值状态，因此 C_d 的价值为 0。此刻我们已知在时刻 1 两状态下看涨期权的价值，就可以倒推出时点 0 的看涨期权价值，即：

$$\Delta = \frac{2.03 - 0}{22 - 18} \approx 0.51$$

$$B = \frac{0 - 18 \times 0.51}{1 + 3\%} \approx -8.91$$

则：

$$C_0 = 20 \times 0.51 - 8.91 = 1.29(元)$$

看涨期权在时刻 0 点的初始价值为 1.29 元。

当二叉树模型扩展到 n 步后，其计算方法仍然是相同的，利用二叉树期权定价公式，从后往前依次计算出每个节点的期权价格，直到计算出 0 时刻的期权价格。

8.1.3   二叉树模型的现实应用

以上例子，我们假设在期权有效期内股票价格的变动只是单步或者两步二叉树的形式，计算简单，但是也不符合现实，只能得到期权价格的一个非常粗略的近似值。在实际应用二叉树模型时，通常将期权有效期分割成若干极小的时间间隔，用大量离散的小幅度二值运动来模拟连续的资产价格运动，这使得二叉树模型的应用具有了现实意义。

但是如果将期权的有效期分成若干时间间隔，在每个时间间隔段，就有一个二叉树股票价格变动。例如，如果 30 个时间段，就意味着最后有 31 个末端股票价格，并且有 2^{30} 即大约 10 亿个可能的股票价格路径，这看似是一个非常复杂的计算过程，但是通过高速计算机，可以迅速地计算出股票的价格。这里需要特别说明的是，股票价格在每个时间节点上涨的倍数 u 和下降的倍数 d 是如何确定的。在一系列假设条件下，如果定义 Δt 为单步时间段，$\Delta t = T/n$，T 为以年为单位的到期时间，n 是二叉树的期数，σ 为股票收益的年标准差，通过推导可得出：

$$u = 1 + 上升百分比 = e^{\sigma\sqrt{\Delta t}}$$

$$d = 1 - 下降百分比 = 1/u = e^{-\sigma\sqrt{\Delta t}}$$

由此可以计算出 n 个时间节点的所有股票价格。

8.2   风险中性定价

8.2.1   风险中性定价基本原理

在运用复制原理对期权定价时，没有用到股票价格上升和下降的概率。如果知道股票价格未来可能变化的概率，就可以计算出未来期权的预期支付，然后以合适的资本成本对其折现就可以计算出期权当前的价值。这种思路为我们提供了期权定价的另一种方法，但是这种方法的难点是：第一，股票价格上升和下降的概率如何确定；第二，投资者的风险偏好不同，很难确定特定资产的资本成本。不过，风险中性定价理论的提出，解决了上述问题。

假设投资者是风险中性的，即投资者对自己承担的风险并不要求风险补偿，所有证券包括股票的期望报酬率都是无风险利率。那么，所有的金融资产包括期权都具有相同的资本成本——无风险利率。

股票价格上升和下降的概率又是如何确定的呢？我们假定股票价格未来有两种可能情形，在风险中性的世界里，这两种情形发生的概率应该是使得未来股票价格的平均值恰好等于当前的股票价格按无风险利率的增长。如果用 ρ 代表股票价格将要上涨的概率，那么 $(1-\rho)$ 就表示股价将要下跌的概率，未来股票价格的计算如下：

$$S(1 + r_f) = S_u\rho + S_d(1 - \rho)$$

从而求出：

$$\rho = \frac{(1 + r_f)S - S_d}{S_u - S_d}$$

ρ 在这里被称为风险中性概率，或者叫状态依存价格、状态价格、鞅价格。基于风险中性概率 ρ，我们就可以计算期权的期望支付，再以无风险利率对期权的期望支付折现，从而求得期权的价值，即：

$$C_0 = \frac{\rho C_u + (1 - \rho) C_d}{1 + r_f}$$

【例 8-2】 利用例 8-1 的资料，假设一份欧式股票看涨期权，其执行价格为 21 元，标的股票的现价为 20 元，不支付红利，1 期后，股票价格可能上涨到 22 元或下降到 18 元，单期无风险利率为 3%。下面运用风险中性定价原理对期权进行定价。

根据风险中性概率的公式：

$$\rho = \frac{(1 + 3\%) \times 20 - 18}{22 - 18}$$
$$= 0.65$$

即股价上升的概率为 0.65，股价下降的概率为 0.35。由此就可以通过计算下一期看涨期权的期望支付的现值为期权定价。看涨期权的执行价格为 21 元，在到期日，期权的价值要么为 1，要么为 0。期权的期望支付的现值为：

$$C_0 = \frac{0.65 \times 1 + (1 - 0.65) \times 0}{1 + 3\%}$$
$$\approx 0.63(元)$$

这恰好等于在 8.1 节中通过复制原理计算出的结果，这并非巧合。

8.2.2 风险中性世界与现实世界

这里我们需要强调的是 ρ 并非现实世界中股票价格上涨的概率，而是风险中性世界里股价上涨的概率。在假想的风险中性世界中，投资者不要求风险补偿，所有资产的预期回报率等于无风险利率。但是在现实世界中，投资者是风险厌恶的。股票的期望回报率通常包含正的风险溢价，以补偿投资者承担的风险。例如，在例 8-2 中我们计算的风险中性概率 $\rho = 0.65$，即当价格上涨的概率为 0.65 时，股票和期权的预期收益率为 3%。假设在真实世界里股票的预期收益率为 5%，q 代表真实世界中股票价格上涨的概率，那么：

$$q = \frac{(1 + 5\%) \times 20 - 18}{22 - 18} = 0.75$$

即股票价格上涨的概率为 0.75，这时真实世界中期权的预期收益为：

$$0.75 \times 1 + 0.25 \times 0 = 0.75$$

虽然计算出期权的预期收益为 0.75 元，但是我们并不知道应该用什么样的折现率对其进行折现。[⊖]在风险中性世界里，所有资产的预期收益率和对预期收益的折现率均为无风险利率，因此采用风险中性定价方法十分简便。

练习与思考 ●●●● →

请思考风险中性的假设是否合理。

[答案]

对于现实中期望回报率高于无风险利率的股票，相对于真实概率，风险中性概率必然要加大差的状态的概率，降低好的状态的概率（投资者表现得更悲观）。例如，上例中真实的股价上涨的概率是 0.75，下跌的概率是 0.25，而在风险中性世界里，股价上涨的概率是 0.65，下跌的概率是 0.35，即在使用这些更加悲观的概率对其估值时，会得出与无风险利率相等的期望回报率。

换句话说，风险中性概率 ρ、$(1 - \rho)$ 并非股价上升的实际概率，而是代表着该如何调整实际概率，以使股票期望的回报率等于无风险利率。这样，利用风险中性概率对期权的预期收益进行折现就会得出正确的结论。

⊖ 期权头寸比股票头寸的风险更大，因此对于期权预期收益的折现率要比 5% 更高，在不知道期权价格的情况下，我们不知道折现率应超出 5% 多少。

8.3 Black-Scholes 期权定价模型

20 世纪 70 年代初，费希尔·布莱克教授、迈伦·斯科尔斯教授和罗伯特·默顿教授在期权定价领域取得了重大突破，他们发展了 Black-Scholes（布莱克 – 斯科尔斯）模型，也称为 Black-Scholes-Merton（布莱克 – 斯科尔斯 – 默顿）模型。该模型的提出对金融工程领域的发展与成功起了决定性作用。由于模型涉及大量的数学概念，本节不对模型进行推导，而是阐述它的含义，并聚焦于模型的应用。

8.3.1 模型假设

任何模型都建立在一系列具体假设之上，Black-Scholes 定价模型的假设条件如下：

（1）股票价格服从"几何布朗运动"随机过程。这一随机过程使得股票价格具有恒定期望收益和波动率的对数正态分布。

（2）在期权有效期内，标的资产不支付股利，标的资产价格的变动是连续而均匀的，不存在突然的跳跃。

（3）没有交易费和税收，不考虑保证金问题，即不存在影响收益的任何外部因素。

（4）该标的资产可以自由地买卖，即允许卖空，且所有证券都是完全可分的。

（5）在期权有效期内，无风险利率为常数，投资者可以此利率无限制地进行借贷。

（6）市场中不存在无风险套利机会。

（7）看涨期权只能在到期日执行。

练习与思考 ●●●● >>

如何理解理想资本市场假设下的各种定价模型？

[答案]

各种定价模型的推导都有一定的假设条件，这些假设条件往往与现实不符。对这一问题的解释可以用伽利略的自由落体定律做一个有效的类比。伽利略证明没有摩擦时自由下落的物体的下降速度相同，与物体重量无关，这一结论完全颠覆了人们的传统看法。如果你要检验这一定律，将很可能发现它并不严格成立。原因是，除非在真空中，否则空气摩擦相对更能减缓某些物体下落的速度。与此相似，当我们在运用各种定价模型时，还必须关注"空气摩擦"等现实市场上对资产定价的影响。

8.3.2　Black-Scholes 定价公式

1. 从二叉树期权定价到 Black-Scholes 定价

Black-Scholes 定价模型最初不是根据二叉树期权定价模型推导出来的，但是我们可以基于二叉树期权定价模型，将每一期的时间长度和股价运动时段缩短至零，将时期数扩展到无穷大，期权价格就是 Black-Scholes 定价公式所得出的，也就是说 Black-Scholes 定价公式是对欧式期权做二叉树定价的一个极限情况。

例如，一份欧式看涨期权标的股票价格 S 为 41 美元，执行价格 X 为 40 美元，波动率 σ 为 0.3，单期无风险利率为 8%，表 8-1 展示了对于不同时期数的二叉树期权价格。我们发现改变期数就会改变期权价格。但是一旦期数变得足够大，期权价格就接近极限值。

表 8-1　不同时期数的二叉树期权定价

期数(n)	二叉树欧式看涨期权价格（美元）	期数(n)	二叉树欧式看涨期权价格（美元）
1	7.839	100	9.966
4	7.160	500	6.960
10	7.065	∞	6.961
50	6.969		

2. Black-Scholes 定价公式及其经济含义

依据相关假设及无套利原理，Black 和 Scholes 推出欧式看涨期权定价公式：

$$c = SN(d_1) - Xe^{-r_f T}N(d_2) \tag{8-5}$$

$$d_1 = \frac{\ln(S/X) + (r_f + \sigma^2/2)T}{\sigma\sqrt{T}} \tag{8-6}$$

$$d_2 = d_1 - \sigma\sqrt{T} \tag{8-7}$$

式中：c 表示买权价值（看涨期权）；S 表示标的资产现行市场价格；X 表示行权价格；r_f 表示无风险利率（按连续复利计算）；σ 表示标的资产收益标准差；T 表示期权距到期日的时间；$N(x)$ 表示标准正态分布的累积概率分布函数（即某一服从正态分布的变量小于 x 的概率），根据标准正态分布函数特性，可知 $N(-x) = 1 - N(x)$。

从 Black-Scholes 定价公式的经济含义看，$N(d_1)$ 等于保值比率 Δ，反映了标的资产变动一个很小单位时，期权价格的变化量，即：$\Delta = N(d_1) = \partial c/\partial S$。事实上，

$N(d_1)$是复制交易策略中股票的数量，$SN(d_1)$就是股票的市场价值，或者，$SN(d_1) =$ $e^{-r_f T} S_T N(d_1)$是S_T的风险中性期望值的现值。$N(d_2)$实际上是在风险中性世界中S_T大于X的概率，或者说是欧式买权被执行的概率，因此，$Xe^{-r_f T} N(d_2)$是X的风险中性期望值的现值。因此，看涨期权价值等于标的资产价格期望现值减去行权价格现值。

【例8-3】　假设目前是 10 月 14 日，请运用 Black-Scholes 定价公式，预测执行价格为 12.5 美元，将于 12 月 16 日到期的 OA 公司股票的欧式看涨期权的价格。目前该公司的股价为 12.85 美元，不支付股利，该公司股票的年波动率为 0.81，12 月 16 日的短期无风险年利率为 4.63%。

由于合约是 12 月 16 日到期，因此从目前来看距离到期日还有 63 天，则 $T = 63/365 = 0.172\,6$。12 月 16 日的短期无风险年利率为 4.63%，即是有效期和期权合约一致的短期国债收益率。由于 Black-Scholes 定价公式要求无风险收益率是连续复利计算的收益率，4.63% 按连续复利计算，其结果为 $\ln(1.046\,3) = 0.045\,3$。下面我们整理一下已知条件：

$$S = 12.85 \quad X = 12.5 \quad r_f = 0.045\,3 \quad \sigma = 0.81 \quad T = 0.172\,6$$

首先，根据式(8-6)和(8-7)计算 d_1 和 d_2 的值。

$$d_1 = \frac{\ln(12.85/12.5) + (0.045\,3 + 0.81^2/2) \times 0.172\,6}{0.81\sqrt{0.172\,6}} \approx 0.273\,5$$

$$d_2 = 0.273\,5 - 0.81\sqrt{0.172\,6} \approx -0.063\,0$$

下一步需要在正态分布概率表中查找 $N(d_1)$ 和 $N(d_2)$ 的对应值。在正态分布概率表中查找 d_1 和 d_2 的对应值，就不得不把它们四舍五入到一定的小数位，这样我们得到 $N(0.27) = 0.606\,4$，$N(-0.06) = 0.476\,1$。Black-Scholes 定价模型对于四舍五入形成的误差非常敏感，大部分此类误差体现在正态分布概率的取值上。因此我们可以选择 Excel 中的函数 "= NORM. S. DIST( )"，输入公式 "= NORM. S. DIST(0.273 5)" 以及 "= NORM. S. DIST(-0.063 0)"。经过程序运算，将输出更为精确的结果：

$$N(d_1) = N(0.273\,5) = 0.607\,8$$

$$N(d_2) = N(-0.063\,0) = 0.474\,9$$

$N(d_1)$ 和 $N(d_2)$ 的对应值代入式(8-5)中，计算得出：

$$c = 12.85 \times 0.607\,8 - 12.5e^{-0.045\,3 \times 0.172\,6} \times 0.474\,9 \approx 1.92(美元)$$

由上述计算可知，12 月 16 日到期、执行价格为 12.5 美元的买入期权的理论价值为 1.92 美元。如果买入期权合约的实际市场价格为 3.45 美元，这说明期权合约的价值被高估，假定不发生任何交易成本，投资者可以出售买入期权合约以获取收益。

8.3.3 Black-Scholes 定价公式的拓展

1. 无红利支付股票的欧式看跌期权的定价公式

Black-Scholes 定价模型给出了无红利支付股票的欧式看涨期权的定价公式，根据第 7 章推导的看跌看涨期权平价关系公式，可以得到无红利支付的欧式看跌期权价格公式：

$$p = c - S + Xe^{-r_f T} \tag{8-8}$$

即 Black-Scholes 看跌期权定价公式为：

$$p = Xe^{-r_f T}[1 - N(d_2)] - S[1 - N(d_1)] \tag{8-9}$$

例 8-3 中 OA 公司股票的欧式看涨期权的理论价格为 1.92 美元，代入式(8-8)中，计算可得执行价格为 12.5 美元，将于 12 月 16 日到期的 OA 公司股票的欧式看跌期权的理论价格：

$$p = 1.92 - 12.85 + 12.5e^{-0.0453 \times 0.1726} \approx 1.47(美元)$$

2. 无红利支付股票的美式期权定价公式

Black-Scholes 定价模型假设期权只能在到期日执行，可见该模型只适用于欧式期权，那么美式期权如何估计呢？

我们来分析不支付红利的美式看涨期权。在第 7 章我们已经阐述过，提前执行无红利支付的美式看涨期权是不明智的，所以在其他条件相同的情况下，同一种无红利支付美式看涨期权的价格等于欧式看涨期权的价格，即 $C = c$。由此我们就可以用 Black-Scholes 定价模型对不支付红利的美式看涨期权估价。

提前执行无红利支付的美式看涨期权是不明智的，但是，在看跌期权的实值很大时，提前执行无红利支付的美式看跌期权可能是明智的。由于 Black-Scholes 定价模型不允许提前执行，因此不适于美式看跌期权估价，但是通常会使用 Black-Scholes 定价模型对看跌期权进行估价，误差并不大，仍然有参考价值。

3. 有红利支付股票的期权定价公式

以上运用 Black-Scholes 定价模型对期权价格的估算并未考虑红利的影响。我们知道，红利将导致股票价格在除息日后按红利幅度下降，因而引起买权价格下降和卖权价格上升。这种情况下，支付红利的美式期权则可能选择提前执行合约，这与 Black-Scholes 定价模型的假设不符，但是可以利用二叉树模型对其进行估价。对于欧式期权，我们可以将红利加入到 Black-Scholes 定价模型中进行调整。

一种方法是假设股票在期权期限内支付红利 D_i，该红利是在 t_i（单位为年）时间段以后支付，这是由除息日决定的。由于红利的支付影响到股票价格，我们从股票价格中减去红利现值并将调整过的股票价格运用到模型中。假设调整后 Black-Scholes 定价模型中的股票价格为 S^*，则考虑红利支付的 $S^* = S - PV(D) = S - \sum_i D_i \mathrm{e}^{-rt_{fi}}$。

另一种方法是假设红利连续地以一个已知的年收益率（δ）进行支付，如果 S 不变，那么在 T 时刻该股票支付的红利价值为（$Se^{\delta T} - S$），调整的 Black-Scholes 定价模型需要用减去红利现值的 S^* 来替换 S，则 $S^* = S - PV(D) = S - \mathrm{e}^{-\delta T}(Se^{\delta T} - S) = Se^{-\delta T}$。

连续红利支付的假设对于大多数股票期权来说是不现实的，但是单一收益率数据确实能够带来方便。特别是对于指数期权，收益率的使用更加可取，因为指数复合股票的红利或多或少是连续支付的，而获得准确的每日红利数据是很困难的。

8.3.4　Black-Scholes 定价公式的参数确定

由 Black-Scholes 定价公式可以看到，期权价格取决于标的资产的市场价格（S）、执行价格（X）、期权的到期期限（T）、无风险利率（r）和股票价格波动率（σ）五个参数，其中前三个参数很容易获得确定数值，只有无风险利率（r）和股票价格波动率（σ）需要通过一定的计算求得估计值。

1. 估计无风险利率

无风险利率是进行无风险投资获得的收益率，无风险投资需要满足以下两个条件：①不存在违约风险；②不存在再投资风险。从证券投资的角度来看，前者意味着该证券应是政府债券；后者意味着该证券应是零息债券。因此，在美国人们大多会选择美国国库券利率作为无风险利率的估计值。美国的国库券利率通常报出的是贴现率（即利息占票面价值的比例），因此需要将其转化为通常的利率，并且用连续复利的方式表达出来，这样才可以在 Black-Scholes 定价公式中应用。需要特别提示的是，不同到期日国库券的收益率可能有较大差异，我们应该选择距离期权到期日最近的国库券的利率作为无风险利率。

下面我们用一个例子来说明无风险利率的计算。假设目前是 10 月 14 日，到期日为 12 月 16 日的美国短期国库券贴现率的买入报价为 4.57%，卖出报价为 4.51%，为了取得短期国库券利率的估计值，我们使用买入报价与卖出报价的平均值(4.57% + 4.51%)/2 = 4.54%，则63天的期间利率为4.54% × (63/365) = 7.84%。假设每63天重复该交易一次，滚动一年后，实际年利率为(1 + 7.84%)^{365/63} − 1 ≈ 4.63%。

Black-Scholes定价公式要求无风险利率是连续复利计算的利率，连续复利与年复利是不同的，连续复利假定利息是连续支付的。下面我们举例说明连续复利的计算。

如果以P_0表示目前的本金，P_1表示一年后的本利和，r表示连续复利率，则：

$$P_1 = P_0 \times e^{r \times 1} \tag{8-10}$$

$$r = \ln\left(\frac{P_1}{P_0}\right) = \ln(1 + 实际年利率) \tag{8-11}$$

依据式(8-11)，实际年利率4.63%按连续复利计算，其结果为ln(1.046 3) = 0.045 3。

2. 估计标的资产价格的波动率

标的资产价格的波动率一般可以采用历史波动率和隐含波动率两种方法计算。

（1）历史波动率。

历史波动率是指从标的资产价格的历史数据中计算出价格收益率的标准差。具体可按以下步骤：

① 从市场上获得标的资产(如股票)在固定时间间隔(如每天、每周或每月等)的价格。

② 对于每个时间段，求出该时间段末的股价与该时间段初的股价之比的自然对数，即为连续型股票价格百分比收益。

$$r_t = \sum_{t=1}^{n} \ln\left(\frac{P_t}{P_{t-1}}\right) \tag{8-12}$$

式(8-12)中，r_t表示第t期连续型股票价格收益率；P_t和P_{t-1}分别表示第t期和第$t-1$期股票价格。

③ 假设有n个连续型股票价格收益率，计算这些收益率的均值($\bar{r}$)及方差(σ^2)，σ就是相应的波动率。

$$\bar{r} = \frac{1}{n} \sum_{t=1}^{n} \ln r_t \tag{8-13}$$

$$\sigma^2 = \frac{1}{n-1} \sum_{t=1}^{n} (\ln r_t - \bar{r})^2 \tag{8-14}$$

④ Black-Scholes定价公式中的参数时间单位必须相同，年是经常被用到的单位，

如果选取的时间间隔为天，按交易日计算，一般每年按 252 个交易日计算，将天波动率乘以 $\sqrt{252}$ 转换为年波动率，即 $\sigma_{年} = \sigma_{天} \times \sqrt{252}$。

（2）隐含波动率。

Black-Scholes 定价公式中的波动率是指未来波动率数据，即投资者对未来标的资产收益波动率的预期。历史波动率并不能很好地反映这种预期值，为了克服这一缺陷，一些学者将目光转向隐含波动率的计算。所谓隐含波动率，是将 Black-Scholes 定价公式中除了波动率以外的参数和市场上的期权报价代入，"倒推"求得波动率数据。也就是指能使 Black-Scholes 模型价格等于期权当前市场价格的标准差。

为了说明具体思路，假设有一个不支付红利股票的欧式看涨期权价格为 13.5 美元，相关参数有 $S = 125.94$，$X = 125$，$T = 0.095\,9$，$r = 0.044\,6$，将参数代入式 (8-5) 计算期权价格等于 13.5 时对应的 σ 值。我们无法直接解出代入参数后的式 (8-5)，但是我们可以用迭代的方式来求解隐含值 σ。例如，开始时我们令 $\sigma = 0.5$，对应这一波动率的期权价格为 8.48 美元，这个价格比市价要低，由于期权价格是 σ 的递增函数，于是我们再令 $\sigma = 0.8$，对应的期权价格为 13.09，仍然低于市价，我们再令 $\sigma = 0.85$，对应的期权价格为 13.86，此值高于市价，这意味着 σ 值应该介于 0.8 与 0.85 之间。当 $\sigma = 0.83$ 时，对应的期权价格近似为 13.50，因此我们的答案是 0.83。

隐含波动率的计算主要采用的是试错法，这一过程一般通过计算机或 Excel 完成。

8.3.5　期权价格的敏感性分析

第 7 章我们已经分析了影响期权价格的 5 个因素以及这些因素对期权价格的影响方向，本节我们将进一步分析这些因素对期权价格的影响程度，或者称之为期权价格对这些因素的敏感度，即这些因素发生一定的变化时，会引起期权价格怎样的变化。通常用希腊字母表示期权价格对于上述影响因素变化的敏感程度，常用希腊字母及其含义如表 8-2 所示。

表 8-2　期权价格敏感性的希腊字母及其含义

	符号	影响期权价格的因素	数学含义
Delta	Δ	标的资产价格变化	期权价格变化/标的资产价格变化
Gamma	Γ	标的资产价格变化	Delta 变化/标的资产价格变化

（续）

	符号	影响期权价格的因素	数学含义
Theta	Θ	期权到期时间变化	期权价格变化/期权到期时间变化
Vega[1]	ν	标的资产波动率变化	期权价格变化/标的资产波动率变化
Rho	ρ	无风险利率变化	期权价格变化/无风险利率变化

①Vega 不是希腊字母，因此很多人会将这个因素称为 Kappa 或者 Lambda。

1. Delta

（1）Delta 的定义。

Delta 用来衡量期权标的资产价格变动对期权价格的影响，是期权价格变化与标的资产价格变化的比值。在其他因素不变的情况下，如果某看涨期权 Delta 等于 0.5，意味着当股票价格变化一个很小数量时，相应期权价格变化大约等于股票价格变化的 50%。具体计算公式如下：

$$欧式看涨期权的 \Delta = \frac{\partial c}{\partial S} = N(d_1) > 0$$

$$欧式看跌期权的 \Delta = \frac{\partial p}{\partial S} = N(d_1) - 1 < 0$$

根据累计标准正态分布函数的性质可知，$0 < N(d_1) < 1$，因此无收益资产欧式看涨期权的 Δ 值介于 0 和 1 之间，而无收益资产欧式看跌期权的 Δ 值则总是在 -1 和 0 之间。

图 8-4 显示了期权价格随着标的资产价格变化的关系，与期权价格线相切的直线的斜率即为合约 Delta 值。当 Delta 为 0.5 的时候，标的股票价格变动 1 元，期权价格变动 0.5 元。我们看到图中的期权价格线是一条曲线，这说明股票市价与期权价格之间是非线性关系，所以 Delta 值只是期权价格变动相对于标的资产价格 1 单位变化的一次近似值，并且只适用于股票价格微小波动的情况下，期权价格波动的估算。随着股票价格波幅的不断扩大，使用这种方法估算期权价格的波动会愈发不准确。

（2）Delta 与价内外程度。

从统计概率上来看，Delta 的绝对值也可以表示为期权到期时收在价内的可能性。Delta 的绝对值越大，其收在价内的可能性越大。Delta 绝对值接近 1 时，期权收在价内的概率接近 100%，Delta 绝对值接近 0，期权收在价内的概率接近 0。通常价内期权（ITM）Delta 绝对值大于 0.5，价外期权（OTM）Delta 绝对值小于 0.5，平价期权（ATM）Delta 绝对值在 0.5 附近。

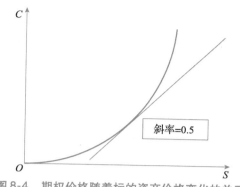

图 8-4　期权价格随着标的资产价格变化的关系

（3）Delta 中性对冲。

Delta 中性对冲是指投资者在持有期权头寸的情况下，增加或减少标的资产的头寸，使得整个证券组合的 Delta 为 0 或近似为 0，即证券组合为 Delta 中性状态。当证券组合处于 Delta 中性状态时，组合的价值就不会受到标的资产价格波动的影响，从而实现套期保值。

当证券组合中含有标的资产、该标的资产的各种期权或其他衍生证券的不同头寸时，该证券组合的 Delta 就等于组合中各种资产 Delta 的总和（组合中的标的资产都应该是相同的）。具体公式如下：

$$\text{Delta}(\Delta) \;=\; \sum_{i=1}^{n} w_i \Delta_i$$

其中，w_i 表示第 i 种证券的数量，Δ_i 表示第 i 种证券的 Δ 值。

事实上，不仅期权有 Delta，金融现货资产和远期、期货都有相应的 Delta。显然，对于期权的标的现货资产来说，其 Delta 值就等于 1。标的资产和相应的衍生证券可取多头或空头，因此其 Δ 值可正可负，这样，若组合内标的资产和期权及其他衍生证券的数量配合适当的话，整个组合的 Δ 就可能等于 0。但是需要特别强调的是，组合 Delta 为 0 的对冲状态只能维持一段短暂的时间，随着股票价格的变化，Delta 值也在不断变化，因此需要不断调整保值头寸，以便保值组合重新处于 Delta 中性状态，这种调整的过程则被称为再平衡，或者叫动态 Delta 中性，或动态 Delta 对冲。

由于看涨期权合约的价格与标的股票价格成正比，当股票价格上涨时，期权合约的价格也随之升高；看跌期权合约的价格与标的股票价格成反比，当股票价格上涨时，期权合约的价格相应下降。因此，当投资者手上持有大量的期权，想避免标的资产的波动对期权价值的影响，或者投资者持有现货，预期资产价格将大幅波动，可是却不知道到底是涨还是跌，可采用 Delta 中性对冲策略。

一份欧式股票看涨期权的 Delta 中性头寸包括以下两种组合。

组合 A：一份欧式股票看涨期权的空头和 $\Delta = N(d_1)$ 股股票的多头。

组合 B：一份欧式股票看涨期权的多头和 $\Delta = N(d_1)$ 股股票的空头。

一份欧式股票看跌期权的 Delta 中性头寸包括以下两种组合。

组合 A：一份欧式股票看跌期权的多头和 $\Delta = |N(d_1) - 1|$ 股股票的多头。

组合 B：一份欧式股票看跌期权的空头和 $\Delta = |N(d_1) - 1|$ 股股票的空头。

【例 8-4】 假设当前 X 股票价格为 93 美元，行权价格为 100 美元，以该股票为标的的看跌期权价格为 8 美元，每份合约标准数量为 100 股，Delta 值为 -0.75。假设某投资机构目前有 30 000 股该股票头寸，为了对冲未来可能的下跌风险，该机构购买一定数量的看跌期权与股票构成证券组合，且使证券组合的 Delta 为 0，以达到套期保值的目的。这时应购买的看跌期权份数计算如下：

$$30\ 000 \times 1 - 0.75 \times 合约份数 \times 100 = 0$$

$$合约份数 = 400$$

未来，如果股票下跌 1 元，股票头寸损失 30 000 美元，但期权头寸上涨 30 000（$= 1 \times 0.75 \times 400 \times 100$）美元，正好对冲了这一风险。但如果股票没有如预期的下跌，反而上涨了 1 美元（股票头寸盈余 30 000 美元），期权头寸则下跌 30 000 美元，也正好对冲了股票头寸的盈余。

初始证券组合的 Delta 为 0。假设过了一天，股票价格下跌了 1 美元，至 92 美元，这个时候，对应的期权的 Delta 值已经不是初始时的 -0.75，而是变成了 -0.80。这样如果想要使证券组合重新达到 Delta 中性，投资组合的头寸必须要有变化。在保持 Delta 中性而又不能改变股票头寸的前提下，需要做的操作是：卖出 25（$= 400 - \dfrac{30\ 000}{0.80 \times 100}$）份期权合约，只有这样才能保证投资组合的 Delta 为 0。以此类推，当标的资产的价格发生变化使得组合的 Delta 偏离 0 时，交易员根据事先确定的标准进行标的资产或标的资产合约头寸的调整。

2. Gamma

（1）Gamma 的定义。

Gamma 用于衡量 Delta 值对标的资产价格变化的敏感性，即当股价变化 1 元时，Delta 值变动的大小。从数学上讲，它是期权的 Delta 关于标的资产价格的二阶导数，反映了期权价格与标的资产价格关系曲线的凸度。

由于看涨期权与看跌期权的 Δ 之间只相差一个常数，因此二者的 Gamma(Γ) 总是相等的，即：

$$\text{Gamma}(\Gamma) = \frac{\partial^2 C}{\partial^2 S} = \frac{N'(d_1)}{S\sigma\sqrt{T}} = \frac{e^{-0.5d_1^2}}{S\sigma\sqrt{2\pi}}$$

无论是看涨期权还是看跌期权，其 Delta 都与标的物价格呈同方向变化，因此在任何条件下，任何期权的 Gamma 都是正的。一般来说，当期权处于深度实值或深度虚值时，Delta 的绝对值将趋近于 1 或 0，此时 Gamma 将趋近于 0，而在期权处于平价时，其 Gamma 将有极大值出现，说明当标的物价格等于或接近于协定价格时，它的变动对 Delta 具有最大的影响。

（2）Gamma 的特性。

Γ 也分正负，期权多头的 Γ 总是正值，说明随着标的资产价格上涨，期权头寸的 Δ 是上涨的。期权空头的 Γ 总是负值，说明随着标的资产价格上涨，期权头寸的 Δ 是降低的。为什么我们要如此关注 Gamma 呢？原因在于它可以用于衡量 Delta 中性保值法的保值误差，这是因为期权的 Δ 仅仅衡量标的资产价格 S 微小变动时期权价格的变动量，而期权价格与标的资产价格的关系是非线性的，是一条曲线（如图 8-5 所示），因此，当 S 的变动量较大时，用 Δ 估计出的期权价格的变动量与期权价格的实际变动量就会有所偏差。当标的资产价格从 S_0 上涨到 S_1 时，Delta 中性保值法假设期权价格从 C_0 增加到 C_1，而实际上是从 C_0 增加到 C_1'，C_1 与 C_1' 之间的误差就是 Delta 中性保值的误差。这种误差的大小取决于期权价格与标的资产价格之间关系曲线的凸度，即 Γ。Γ 越大，该曲度就越大，Delta 中性保值的误差越大。

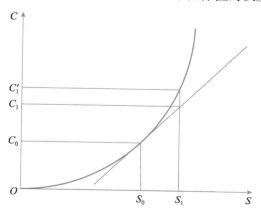

图 8-5　Delta 对冲的误差

（3）Gamma 中性对冲。

在 Delta 中性对冲交易中，总头寸的价值不受标的资产价格小幅波动的影响，但如果标的资产价格突然发生大幅变动，仍有可能使得总头寸的价值发生巨变。所谓 Gamma 中性对冲，是指总头寸的 Gamma 值是零或接近于零，使得无论标的资产价格变化多大，头寸的 Delta 值保持不变。如果一个头寸既是 Delta 中性也是 Gamma 中性，那无论标的资产价格怎么变动，头寸的价值都是严格不动的。

我们已经了解证券组合 Δ 的计算公式，那么证券组合的 Γ 怎么计算呢？由于标的资产及远期和期货合约的 Γ 均为 0，这意味着只有期权有 Γ。因此，当证券组合中含有标的资产和该标的资产的各种期权及其他衍生产品时，该证券组合的 Γ 就等于组合内各种期权的 Γ 与其数量的乘积总和，具体公式如下：

$$\Gamma = \sum_{i=1}^{n} w_i \Gamma_i$$

其中，w_i 表示第 i 种期权的数量，Γ_i 表示第 i 种期权的 Γ 值。

由于标的资产的 Gamma 总是 0，所以一般使整个证券组合 Gamma 归 0 不能直接用标的资产，至少使用同一种标的的两种期权来实现，因为期权价格与标的资产价格有着非线性的关系，所以在 Delta 中性的基础上再次实现 Gamma 中性。

具体如何操作呢？

【例 8-5】 假设当前 X 股票价格为 93 美元，行权价格为 100 美元，以该股票为标的的看跌期权价格为 8 美元，每份合约标准数量为 100 股，Delta 值为 -0.75，Gamma 为 0.05；同一时刻，股票价格为 93 美元，行权价为 100 美元的看涨期权价格为 1 美元，Delta 为 0.25，Gamma 为 0.04。假设投资机构目前有 30 000 股该股票头寸，为了对冲未来可能的潜在风险，需要实现 Delta—Gamma 对冲。

设 x_1 为拥有的看跌期权合约数量，x_2 为拥有的看涨期权合约数量，分别令等式中的 Delta 值和 Gamma 值为 0。

$$30\,000 - 0.75 x_1 + 0.25 x_2 = 0$$

$$0.05 x_1 + 0.04 x_2 = 0$$

以上是一个二元一次方程组，解方程可得：

$$x_1 \approx 28\,253 \quad x_2 \approx -35\,294$$

这说明机构应该买入 28 253 股看跌期权，同时卖出 35 294 股看涨期权。

未来，如果股票下跌 1 元（股票头寸损失 30 000 美元），买入看跌期权头寸盈利 $0.75 \times 28\,253 = 21\,190$ 美元，卖出看涨期权盈利 $35\,294 \times 0.25 = 8\,824$ 元，加起来

30 014 美元，基本对冲了这一风险。但如果股票没有如预期下跌，反而上涨了 1 元（股票头寸盈余 30 000 美元），期权头寸总计会亏损 30 014 美元，也对冲了股票头寸的盈余。

3. Theta

（1）Theta 的定义。

Theta 用于衡量期权价格对到期期限的敏感性，是期权价格变化与时间变化的比率，Theta 也经常被称作为时间损耗。从数学上讲，它是期权价格关于时间的一阶导数。

$$\text{Theta}(\Theta) = \partial C / \partial T$$

我们可以通过 Black-Scholes 模型来推导出 Theta 的解析式。对于无收益支付资产的欧式与美式看涨期权而言：

$$\Theta = -SN'(d_1)\sigma/(2\sqrt{T}) - rX\mathrm{e}^{-rT}N(d_2)$$

对于无收益支付资产的欧式看跌期权而言：

$$\Theta = -SN'(d_1)\sigma/(2\sqrt{T}) + rX\mathrm{e}^{-rT}N(-d_2)$$

因为 $N(-d_2) = 1 - N(d_2)$，所以看跌期权的 Theta 比看涨期权的 Theta 大一个为 $rX\mathrm{e}^{-rT}$ 的数量。

（2）Theta 的特性。

Theta 一般都为负值[⊖]，对于买入期权方（不管你是买入看涨期权还是看跌期权）来说是十分不利的，因为买入期权方每天要承担时间价值流失的损失。而对于卖出期权方来说，Theta 是十分有利的，因为买方流失的时间价值都由卖方获取。

对于看涨期权，当股票价值很低的时候，Theta 接近于零。当股票价值接近于行权价的时候，Theta 也接近于最小值（峰值），此时 Theta 是负数，而绝对值最大。当股票价格很高的时候，Theta 接近于 $-rX\mathrm{e}^{-rT}$。而看跌期权相当于看涨期权向上平移 $rX\mathrm{e}^{-rT}$ 的数量。

Theta 不是一个常量，当标的资产价格接近行权价时，Theta 的绝对值最大，也就是说期权价格在行权价附近每天流失的时间价值最多，而行权价离标的资产市价越

⊖ 但对于欧式看跌期权来说，在深度价内的时候，会出现内在价值大于实际期权价值的情况，也就是时间价值出现了负值，这主要是因为欧式看跌期权无法提前行权的问题，造成持有看跌期权不如持有空头股票灵活性高。此时由于时间价值为负值（内在价值 > 期权价值），Theta 出现了正值的情况。

远，期权的时间价值流失越少。

在实际交易中，对于交易时间价值的投资者来说，选择合适的行权价是一个难点，而 Theta 的特征往往可以指导交易操作，帮助选出适合投资者需求的行权价以及到期时间。

4. Vega

（1）Vega 的定义。

Vega 或称 Kappa、Lambda，用来衡量期权价格对标的资产价格波动率的敏感性，即波动率每上升 1 单位对期权价格的影响。从数学上讲，它是期权价格关于隐含波动率的一阶导数，无收益支付资产的欧式看涨期权和看跌期权的 Vega：

$$\text{Vega}(\nu) = \partial C / \partial \sigma \nu = S\sqrt{T}N'(d_1) > 0$$

（2）Vega 的特性。

Vega 恒大于 0，表明当股价波动率上升时，看涨期权价格上升；反之，则下降。Vega 的最高点一般都会出现在股票价格在行权价附近，而股票价格远离行权价时 Vega 较小。看跌期权的 Vega 和看涨期权的 Vega 相同，也就是波动率 σ 的上升使看涨期权及看跌期权的价格呈相同大小、相同方向的变动。比如，当 σ 上升使看涨期权上升 1 元，则同条件下的看跌期权也上升 1 元。

5. Rho

（1）Rho 的定义。

Rho 用来衡量期权价格对无风险利率变化的敏感性，是期权价格变化与无风险利率变化的比率。从数学上讲，它是期权价格关于无风险利率的一阶导数。

$$\text{Rho}(\rho) = \partial C / \partial r$$

根据 Black-Scholes 模型，无收益支付资产的欧式看涨期权 Rho 的计算公式为：

$$\text{Rho}(欧式看涨期权) = XTe^{-rT}N(d_2)$$

无收益支付资产的欧式看跌期权 Rho 的计算公式为：

$$\text{Rho}(欧式看跌期权) = -XTe^{-rT}N(-d_2)$$

（2）Rho 的特性。

对于看涨期权，随着标的资产价格的上升，Rho 也逐渐变大，所以标的资产价格高的时候，看涨期权价格对于无风险利率变动会比较敏感；相反，对于看跌期权，随着标的资产价格的下跌，Rho 的绝对值也逐渐变大，所以标的资产价格低的时候，看跌期权价格对于无风险利率变动会比较敏感。

相对于影响期权价值的其他因素来说，期权价格对无风险利率变化的敏感程度比较低。因此，在市场的实际操作中，经常会忽略无风险利率变化对期权价格带来的影响。

○ 本章小结

- 二叉树模型期权定价运用了复制原理，其基本思路是，首先构造一个复制组合，复制一个与期权具有完全相同价值的其他证券组合。因为这两者在一期后具有相同的现金流或支付，根据无套利原理，这意味着期权与复制组合的当前价值必定相等。

- 假设投资者是风险中性的，即投资者对自己承担的风险并不要求风险补偿，所有证券包括股票的期望报酬率都是无风险利率，那么所有的金融资产包括期权都具有相同的资本成本——无风险利率。

- Black-Scholes 定价模型最初不是根据二叉树期权定价模型推导出来的，但是我们可以基于二叉树期权定价模型，将每一期的时间长度和股价运动时段缩短至零，将时期数扩展到无穷大，期权价格就是 Black-Scholes 定价公式所给出的。也就是说，Black-Scholes 定价公式是对欧式期权做二叉树定价的一个极限情况。

- Delta 用来衡量期权标的资产价格变动对期权价格的影响，是期权价格变化与标的资产价格变化的比值。

- Gamma 用于衡量 Delta 值对标的资产价格变化的敏感性。

- Theta 用于衡量期权价格对到期期限的敏感性，是期权价格变化与时间变化的比率，Theta 也经常被称作为时间损耗。

- Vega 或称 Kappa、Lambda，用来衡量期权价格对标的资产价格波动率的敏感性，即波动率每上升 1 单位对期权价格的影响。

- Rho 用来衡量期权价格对无风险利率变化的敏感性，是期权价格变化与无风险利率变化的比率。

○ 课后习题

1. 解释二叉树期权定价模型的基本原理。
2. 解释风险中性定价的基本原理。
3. 说明 Black-Scholes 期权定价模型有哪些假设。

4. 对期权交易者来说，历史波动率和隐含波动率哪个更重要？为什么？

5. 下列关于波动率的说法是否正确？

　　（a）隐含波动率小于或等于历史波动率。

　　（b）如果当前的期权费是正确的，那么从期权定价模型中得出的 σ 就是隐含波动率。

　　（c）对于确定均衡的期权价值来说，如果已知无风险利率，就没有必要再知道股票的波动率了。

　　（d）与实际历史波动率相比，期权的价格更多地受到基础资产预期未来波动率的影响。

6. 为什么 Delta 中性对于一些期权策略来说是重要的问题？

7. 为什么 Gamma 值接近零是有利的？

8. 计算一个 3 个月期的无股息欧式看跌期权的价格，期权执行价格是 50 美元，股票当前价格是 50 美元，无风险利率为每年 10%，波动率为每年 0.3。

9. 已知某股票目前的市价为 40 元，第一期末的市价可能为 50 元或 32 元，如果第一期末的市价为 50 元，则第二期末的市价可能为 62.5 元或 40 元，如果第一期末的市价为 32 元，则第二期末的市价可能为 40 元或 25.6 元。已知每一期的无风险利率为 2%，期权的执行价格为 35 元。

　　要求：

　　（1）如果是看涨期权，运用二叉树期权定价模型计算目前的期权价值。

　　（2）如果是看跌期权，运用风险中性定价方法计算目前的期权价值。

第9章
CHAPTER9

金融互换交易

⚓ 学习目标

- 了解金融互换市场的产生与发展。

- 熟悉金融互换的特点。

- 理解金融互换的局限性。

- 掌握利率互换的含义及交易机制。

- 熟悉利率互换的作用。

- 理解利率互换的定价。

- 掌握货币互换的含义及交易机制。

- 熟悉货币互换的作用及定价。

9.1 金融互换市场概述

9.1.1 金融互换市场的产生与发展

金融互换(swap)指的是双方约定在一定期限内相互交换一系列现金流的协议。最早的金融互换可以追溯到 20 世纪 70 年代末，是在平行贷款和背对背贷款的基础上发展起来的。

1. 平行贷款

20 世纪 70 年代，由于国际收支恶化，英国实行了外汇管制，并向对外投资进行征税，一些企业为逃避外汇管制开发了平行贷款(parallel loan)，即两个母公司分别在国内向对方母公司在本国境内的子公司提供金额相当的本币贷款，并承诺在指定的到期日各自归还所借货币。比如英国壳牌公司想贷款给其美国子公司，由于外汇管制无法实现或者要花费额外的费用，有了平行贷款，壳牌公司可以贷款英镑给某个美国公司在英国的子公司，同时美国公司贷款美元给壳牌公司的美国子公司，既可以满足双方子公司的融资需要，又可以逃避外汇管制，因此深受欢迎。

但是平行贷款存在一个法律缺陷，平行贷款包含两个独立的贷款协议，它们分别具有法律效力。如英镑贷款通常受到英国法律的制约，而美元贷款则受到美国法律的约束，因此无权自动抵消。即如果一方违约，另一方仍不能解除履约义务。为了避免该问题，背对背贷款应运而生。

2. 背对背贷款

背对背贷款(back to back loan)是指两个国家的公司相互直接贷款，贷款币种不同但币值相等，贷款到期日相同，各自支付利息，到期各自偿还原借款货币。

背对背贷款尽管有两笔贷款，但只签订一个贷款协议，协议中明确若有一方违约，另一方有权抵消应尽的义务，这就大大降低信用风险。背对背贷款虽然非常接近现代货币互换，但是二者仍有本质的区别。背对背贷款是一种借贷行为，在法律上产生新的资产与负债，双方互为对方的债权人和债务人。而货币互换则是不同货币间负债或资产的交换，是表外业务，不产生新的资产与负债，因而也不会改变一个公司原有的资产和负债情况。

3. 金融互换的产生

在平行贷款和背对背贷款的基础上，世界上第一笔互换交易出现，即 IBM 公司与世界银行在 1981 年 8 月进行的一次货币互换。之后第一笔利率互换于 1982 年出现，第一笔商品互换于 1987 年产生，之后股权互换、信用互换等陆续出现，互换市场也开始蓬勃发展。金融互换虽然历史较短，但品种却日新月异。除了传统的利率互换和货币互换外，一大批新的金融互换品种不断涌现。比如，交叉货币利率互换、增长型互换、减少型互换和滑道型互换、基点互换、零息互换、差额互换、远期互换、互换期权、股票互换等。

4. 金融互换市场的前景

在金融互换发展的初期，一些因素阻碍了其进一步发展。例如，互换中的信用风险难以把握、缺乏普遍接受的交易规则与合约文本等。为此，1985 年 2 月，以活跃在互换市场上的银行、证券公司为中心，众多的互换参与者组建了旨在促进互换业务标准化和业务推广活动的国际互换交易协会（International Swap Dealer's Association, ISDA），并拟定了标准文本"利率和货币互换协议"。该协议的宗旨，就是统一交易用语，制定标准的合同格式，统一利息的计算方式。由此在以后每一笔互换交易时，就省去了拟定、讨论文本的大量时间。到目前为止，世界上大多数银行、投资银行等均已成为该协会的成员，极大地推动了互换交易标准化的进程。该协议的实施，标志着金融互换结构进入标准化阶段，为金融互换交易的深入发展创造了良好的条件，大大提高了交易效率。近年来，互换业务的直接用户逐步由美国市场向欧洲的金融机构和政府部门以及亚洲的非金融公司转移。新的直接用户多以非美元互换做交易。同时，非美元货币的较高利率水平以及币值较强的易变性，也促进了非美元互换业务的扩大。

9.1.2　金融互换的特点

金融互换是一种新型的衍生工具，除了具有传统衍生工具的一些特征，也有自身的特点：

（1）金融互换是表外业务。所谓表外业务是指交易者所从事的，按照通行的会计准则不列入资产负债表内，不影响其资产负债总额，但能影响交易者当期损益的经营活动。金融互换就是一种衍生工具的表外业务。

（2）金融互换交易的期限较长。通常可以安排 1~20 年合约期限。短于 1 年的互换合约相对来说较少，因为在期限较短的情况下，通过远期交易、期货交易等方式，通常较互换在成本方面更具有优势。总的来说，互换的期限较长，远期合约和期货合约的期限一般较短，因此在资产负债长期管理中，互换交易更为适用。

（3）互换交易是场外交易。互换交易不在交易所内交易，因此互换交易的形式、金额、到期日等完全视客户需要而定，是一种按需定制的交易方式。互换的对手方既可以选择交易额的大小，也可以选择期限的长短。互换交易的这种灵活性是期权期货市场所不具备的。从市场交易受管制的程度来看，在互换市场上，实际上不存在政府监管，而期货等衍生工具市场或多或少都受到政府的管制。

（4）互换交易可以改变给定资产或负债的风险与收益，而不必出售原始资产或负债。这对于流动性相对较差的资产负债来说很重要。

9.1.3 金融互换的局限性

互换市场的局限性主要体现在：第一，为了完成一项互换交易，互换一方必须找到愿意进行交易的另一方，如果一方对期限或现金流有特殊要求，就可能很难找到交易对手，在互换市场发展初期，这个问题就特别突出。为了解决这个问题，近年来，互换市场出现了专门进行做市的互换交易商。第二，由于互换合约是互换双方之间签订的协议，在没有征得互换双方的同意之前，不得随意取消或更改交易合约的内容。第三，在互换市场上，不存在履约担保者，因此，互换交易的信用风险大。

9.2 利率互换

9.2.1 利率互换的含义及交易机制

1. 利率互换的含义

利率互换（interest rate swap），是指互换双方同意在未来的一定期限内以同种货币的相同的名义本金为基础交换按不同类型的利率（固定利率或浮动利率）计算的利息流。其基本特征有：

（1）互换双方使用相同的货币。

（2）在互换整个期间没有本金的交换，只有利息的交换，名义本金在互换交易中是计算利息的基础。

（3）最基本的利率互换是固定对浮动利率互换，即互换一方支付的利息按固定利率计算，另一方支付的利息按浮动利率计算。固定利率在互换开始时就已确定，在整个互换期间内保持不变；浮动利率在整个互换期间参照一个特定的市场等量利率确定，在每期前预先确定，到期偿付。

2. 利率互换的交易机制

我们利用一个例子来介绍利率互换的机制。

假设 2016 年 4 月 1 日 A 公司作为固定利率支付方（Fix-Payer）与浮动利率支付方（Float-Payer）B 公司签订了一份 LIBOR 为 2.200%，名义金额为 1 000 000 美元，每半年付息一次的 2 年期互换合约。那么在接下来的两年里，随着 LIBOR 的变化，A 公司需要和 B 公司结算利息差额。

利率互换的基础是名义贷款，而不是实际贷款。它是一个针对利率的合同，唯一发生交换的付款就是利息付款。具体而言，2016 年 10 月 1 日，浮动利率支付方应向固定利率支付方支付半年的利息 1 000 000 × 1.742% ÷ 2 = 8 710（美元）。而固定支付方的利息则是不变的，为 1 000 000 × 2.20% ÷ 2 = 11 000（美元）。双方并不进行全额支付，而只结算差额。在 2016 年 10 月 1 日，固定利率支付方应向浮动利率支付方支付 11 000 - 8 710 = 2 290（美元）。以下依次类推。表 9-1 展示了互换期间的现金流。

表 9-1　利率互换的现金流

日期	LIBOR（%）	固定利息（美元）	浮动利息（美元）	结算差额（美元）
2016.04.01	1.742			
2016.10.01	1.960	11 000	8 710	2 290（A 支付给 B）
2017.04.01	2.200	11 000	9 800	1 200（A 支付给 B）
2017.10.01	2.980	11 000	11 000	0
2018.04.01	4.211	11 000	14 900	−3 900（B 支付给 A）

9.2.2　利率互换的作用

1. 利用利率互换进行利率风险管理

利率互换的运用对利率风险管理有着十分重要的意义。比如，对于某银行来说，其主要资产为固定利率的贷款，但是主要负债却是公众的活期存款。一旦利率上升，银行贷款将随之贬值，因为折现率也升高了；同时，公众的活期存款利率也升高了，意味着银行的利息成本增加了。为了规避这种利率风险，该银行可以作为固定利率支付方签订互换协议，这样银行的资产就发生了如下改变，如图9-1所示。

图9-1　利用利率互换将固定利率转化为浮动利率

经过互换之后，银行就将其固定利率资产转换成为浮动利率资产，从而不至于因为利率上升而遭受损失。但是银行同时也失去了利率下跌时贷款升值、利息成本降低的好处，这也是套期保值的代价，类似于远期合约套期保值。

银行持有浮动利率负债，如果利率上升，其利息成本会增加，则银行可以将浮动利率负债转化为固定利率负债，如图9-2所示。

图9-2　利用利率互换将浮动利率转化为固定利率

银行从互换对手那边收到浮动利息并将之转付给存款人，从而将浮动利率存款转化成为支付固定利息的固定利率存款。不管是资产转换还是负债转换，互换的实质意义在于将资产和负债之间的利差锁定，从而实现套期保值。以上例子说明了互换在金融风险管理中的作用。它可以方便地将资产/负债在固定利率和浮动利率之间转变，而只需要支付微薄的成本。同其他金融衍生品一样，互换也可以用来进行利率投机。如果交易者没有套期保值需求而进行了互换交易，那么实质上交易者是在对未来的利率进行投机。

2. 利用利率互换降低融资成本

出于各种原因，对于同种货币，不同投资者在不同的金融市场的资信等级不同，由此融资的利率也不同，存在着相对比较优势。利率互换可以利用这种相对比较优势进行互换套利以降低融资成本。

假设有A、B两家公司都想借入5年期的2 000万美元的借款，A想以6个月期相关的浮动利率借款，B想以固定利率借款，由于两家公司信用不同，市场向它们提供的利率也不同，如表9-2所示。

表9-2　市场提供给 A、B 公司的借款利率

	固定利率	浮动利率
A 公司	9%	6 个月期 LIBOR + 0.30%
B 公司	10.20%	6 个月期 LIBOR + 1%
借款成本差额	1.20%	0.7%

从表9-2 可以看出，A 公司的借款利率均比 B 公司低，即 A 公司在两个市场都具有绝对优势。但在固定利率市场上，A 公司比 B 公司的绝对优势为 1.20%，而在浮动利率市场上 A 公司比 B 公司的绝对优势为 0.70%。也就是说，A 公司在固定利率市场上有比较优势，而 B 公司在浮动利率市场上有相对比较优势。

这样，双方就可利用各自的比较优势为对方借款，即 A 公司以 9% 的固定年利率借入期限为 5 年期的 2 000 万美元，B 公司以每年 "6 个月期 LIBOR + 1%" 的浮动利率借入资金，然后互换。

由于本金相同，故双方不必交换本金，而只交换利息的现金流。即 A 公司向 B 公司支付浮动利息，B 公司向 A 公司支付固定利息。

通过发挥各自的比较优势并互换，双方总的筹资成本降低了 0.50%，即（9.00% + 6 个月期 LIBOR + 1.00% − 10.20% − 6 个月期 LIBOR − 0.30%）= − 0.5%，这就是互换利益。互换利益是双方合作的结果，理应由双方分享，假设它们商量后平分互换利益，则双方都将使筹资成本降低 0.25%，即双方互换后实际融资成本分别为：A 公司支付 LIBOR + 0.05%（LIBOR + 0.30% − 0.25%）的浮动利率，B 公司支付 9.95%（= 10.20% − 0.25%）的固定利率。

3. 利用利率互换进行资产负债管理

利率互换另一个重要用途就是进行资产负债管理，比如，公司资产中已经拥有浮动利率债券，如果预期未来利率会下跌，公司就可以进行一个利率互换，将资产的收益由浮动利率转变为固定利率。同理，一个拥有固定利率收入的公司，预期未来利率将上涨，也可进行一个利率互换，将固定利率的公司债收益转换成浮动利率。在融资方面，以浮动利率借款的企业，可以经由利率互换支付固定利率、收取浮动利率，而将融资成本锁定为固定利率。同样地，以固定利率融资的企业，也可以因为对未来利率走势看跌，进行利率互换，使融资成本转变为浮动利率，以获取未来利率可能下降的好处。

【例9-1】 英国一家公司发行的债券金额是 3 000 万英镑，固定年利率为 7.5%，公司预计未来利率会下跌，于是它想通过互换把债券的固定利率变成浮动利率。银行

提供的互换固定利率报价为 7.10%。那么，如果按这个利率安排互换，该公司的承担的利率成本是多少？

该公司债券支付固定利率	(7.50%)
互换交易后	
收到固定利率	7.10%
支付浮动利率	(LIBOR)
最终利率成本	(LIBOR + 0.40%)

互换的结果是该公司将固定利率(7.50%)的债务支付转变为浮动利率(LIBOR + 0.40%)的债务支付。

练习与思考 ●●●● →

有人会问这样的问题：为什么公司要把固定利率换成浮动利率或把浮动利率换成固定利率？它们为什么不终止现有贷款，然后重新安排一个贷款？

答案：

原因是这样做的交易成本可能太高。因为提前终止现有的贷款涉及大笔的终止费用，而安排新贷款又会发生发行成本。但是进行互换交易就便宜多了，即使是在利用银行作为中介的情况下。因为银行在互换的安排中只担任中介的角色，所以它不承担任何违约风险，因此中介费很低。

9.2.3　利率互换中介

在互换市场发展的早期，交易的一方需要在场外市场上找到和自己交易需求恰好相反的另一方才能达成协议，这往往费时费力。当互换市场逐渐扩大时，互换交易者便开始通过专业经纪人来寻找交易对手。经纪人通常会获得利差作为补偿，例如，交易双方达成 5.2% 对 LIBOR 的互换，其中经纪人收取名义金额的 3 个基点(0.03%)作为佣金。交易双方各自承担 1.5 个基点的费用，这样固定利率支付方需要支付5.215%，而浮动利率支付方只收到 5.185%。具体如图 9-3 所示。

图 9-3　存在互换中介的利率互换交易

虽然专业经纪人的存在方便了互换交易的进行，但是在很多情况下，具有完全相反交易需求的对手可能根本就不存在。这时互换中间商（通常是商业银行或者投资银行）为满足交易者的需求，同时报出互换的买入价和卖出价。买入价就是它们作为固定利率支付方愿意为 LIBOR 付出的固定利率水平，卖出价就是作为浮动利率支付方它们要求得到的固定利率水平。毫无疑问，卖出价要高于买入价，中间的价差就是互换中间商的利润。在互换业务中，中间商追求的是利差利润，而不是投机利润。

9.2.4　利率互换定价

1. 利率互换的初始定价

利率互换定价是指确定互换合约条款中规定的固定利率。由于互换不包含初始的现金交换，所以它的初始价值应为零。互换的定价就是计算能使固定利率支付的现金流的现值与浮动利率支付的现金流的现值相等的固定利率。

以数学式表示为：

$$\sum_{i=1}^{n} \frac{P \times R_i}{(1 + r_i)^i} = \sum_{i=1}^{n} \frac{P \times R}{(1 + r_i)^i} \tag{9-1}$$

式中：P 为互换名义本金，R_i 为预期浮动利率，R 为固定利率，r_i 为折现率。

下面我们通过一个例子加以说明。假设 K 公司与银行进行一笔名义本金为 2 000 万美元，2 年期的互换交易。K 公司同意支付固定利息，同时收取 LIBOR 利息，每六个月发生一次支付行为，浮动利息的支付建立在前六个月 LIBOR 的基础之上。假设一年 360 天，每个月 30 天，则该互换合约的固定利率是多少时能够使互换合约的期初价值为 0？

假设 LIBOR 的利率期限结构如表 9-3 所示。

表 9-3　LIBOR 的利率期限结构

到期日	LIBOR（%）	贴现因子
6 个月	9.00	$1/[1 + 0.090\,0(180/360)] = 0.956\,9$
1 年	9.75	$1/[1 + 0.097\,5(360/360)] = 0.911\,2$
18 个月	10.20	$1/[1 + 0.102\,0(540/360)] = 0.867\,3$
2 年	10.50	$1/[1 + 0.105\,0(720/360)] = 0.826\,4$

首先我们计算浮动利率支付的现金流的现值，我们假定使用的是浮息票据（债券），则有以下两个结论：⊖

⊖　该证明略。

（1）所有浮息票据（债券）的总收入（利息与本金）等于名义本金或面值。

（2）在每一个浮动利息支付后，它的价值也等于面值。

根据结论（1），互换交易中浮动利率支付的现金流现值为面值2 000万美元。

固定利率支付的现金流的现值等于浮动利率支付的现金流的现值，即2 000万美元，则：

$$\sum_{i=1}^{n} \frac{2\,000 \times R}{(1+r_i)^i} + \frac{2\,000}{(1+r_i)^n} = 2\,000 \tag{9-2}$$

名义本金不会影响互换利率，所以将它移除式（9-2）的计算过程，相当于将其值设定为1.00美元，则互换利率可按下式计算：

$$R = \frac{1 - \dfrac{1}{(1+r)^n}}{\displaystyle\sum_{i=1}^{n} \dfrac{1}{(1+r_i)^i}} = \frac{1 - 最终贴现因子}{贴现因子之和} \tag{9-3}$$

利用式（9-3），可得出本例中的互换利率：

$$R = \frac{1 - 0.826\,4}{0.956\,9 + 0.911\,2 + 0.867\,3 + 0.826\,4} = 0.048\,7$$

0.048 7代表期间利率，由于付款行为是每半年发生一次，我们把它乘以2，得到9.75%为年利率。

2. 互换价值

互换协议签订后，市场利率的变化会导致协议的价值不再为零，交易一方将赢得价值收益，而对另一方而言则是成本。比如，K公司支付固定利息，收到浮动利息，如果利率上升，固定利息的现金流量就会产生较低的现值，而浮动利息现值会随之增加，K公司将会获利，互换的价值就是获利的金额。这时互换协议价值就是浮动利息付款额现值和固定利息付款额现值的差额。

假设K公司的互换协议已经执行了3个月，在3个月末，LIBOR将会有新的期限结构，具体如表9-4所示。

表9-4 3个月后LIBOR的利率期限结构

到期日	LIBOR(%)	贴现因子
3个月	9.125	$1/[1+0.091\,25(90/360)] = 0.977\,7$
9个月	10.000	$1/[1+0.10(270/360)] = 0.930\,2$
15个月	10.375	$1/[1+0.103\,75(450/360)] = 0.885\,2$
21个月	10.625	$1/[1+0.106\,25(630/360)] = 0.843\,2$

由于互换协议价值 = 浮动利息付款额现值 − 固定利息付款额现值，我们假定名义本金由双方互相支付，从而可以将互换协议价值看成浮动利率债券价值和固定利率债券价值的差额。具体计算如图 9-4 所示。

3 月份第一笔浮动利息付款额为 900 000 [= 20 000 000 × (0.09/2)] 美元，根据结论 (2) 支付一期浮动利息后，浮动利率债券价值为面值 20 000 000 美元。

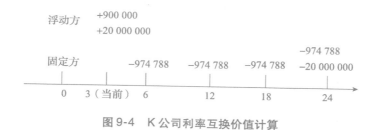

图 9-4 K 公司利率互换价值计算

包括名义本金固定利息付款金额的现值为：

− 974 788 × (0.977 7 + 0.930 2 + 0.885 2 + 0.843 2) + 20 000 000 × 0.843 2
= 20 408 621 (美元)

包括名义本金浮动利息付款金额的现值为：

20 900 000 × 0.977 7 = 20 433 930 (美元)

则互换交易的价值为：

20 433 930 − 20 408 621 = 25 309 (美元)

9.3 货币互换

9.3.1 货币互换的含义及交易机制

1. 货币互换的含义

货币互换 (currency swap) 是指双方约定在期初互换两种不同的货币，而在期中互换所得到的货币利息，到期末再换回两种不同的货币。⊖货币互换除了可以规避汇率风险外，还可以规避外汇管制及降低借款利息成本。货币互换约在 20 世纪 70 年代下半期已经在市场上出现，一般公认最早的货币互换是世界银行 (World Bank) 和 IBM 于 1981 年由所罗门兄弟 (Salomon Brother) 撮合下完成的合约。

⊖ 有些货币互换合约在最初并没有互换两种不同的货币本金。

货币互换的基本特征有：

（1）互换双方使用的货币不同，即货币互换中存在两种货币的本金金额。

（2）在互换开始时，双方按事先同意的汇率（一般等于或近似当时的市场即期汇率）进行货币的交换。

（3）在互换期末时，双方按与期初相同的汇率重新交换相同数目的货币。

（4）在互换期间定期互换利息付款，利息支付可以按固定利率或浮动利率。

2. 货币互换的交易机制

随着世界经济一体化发展，货币互换交易越来越多。比如，一家美国公司想到英国发展业务，它需要较大规模的英镑初始投资。虽然它在美国有良好的资信，可以获得比较低利率的美元贷款，但在英国它只是一个外国公司，银行不愿意给它提供优惠利率的英镑贷款。同样的问题也会出现在发展美国业务的英国公司身上。这时候一个变通的方法是，英国公司和美国公司各自向本国银行借款，然后进行货币互换。具体来说，在互换协议达成时，英国公司向美国公司支付英镑本金，美国公司向英国公司支付美元本金。在协议执行期间，英国公司向美国公司支付美元利息，而美国公司则向英国公司支付英镑利息。在互换协议中止时，双方将各自本金换回。具体如图9-5所示。

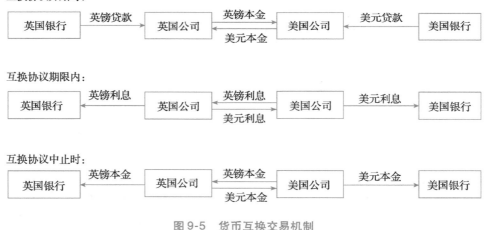

图9-5 货币互换交易机制

9.3.2 货币互换的作用

1. 利用货币互换降低筹资成本

互换双方利用各自的比较优势，通过货币互换可以降低筹资成本。

【例 9-2】　美国 GC 公司决定在英国开子公司，需要投入 1 000 万英镑，GC 公司想发行 5 年期 1 000 万英镑的固定利率债券，同时英国的 ED 公司正好也打算发行 5 年期 1 600 万美元的固定利率债券筹集资金。GC 公司的信用等级高，无论发行美元债券还是英镑债券，借款利率都会低于资质较差的 ED 公司，通过互换交易仍可降低双方的筹资成本。两家公司的发行债券利率如表 9-5 所示。

表 9-5　两家公司的借款成本

	美元	英镑
美国 GC 公司	5%	7%
英国 ED 公司	7%	8%
借款成本差异	-2%	-1%

虽然美国 GC 公司发行美元债券和发行英镑债券的利率都比英国 ED 公司低，但是美国在美元债券方面具有绝对优势，而英国 ED 公司在英镑债券方面则具相对优势，假如双方不进行货币互换，那么它们的平均利率成本是 7%。但如果进行货币互换，双方的平均利率成本为 (5% + 8%)/2 = 6.5%，低于货币互换之前的成本。具体来说，美国公司和欧洲公司可以分别以 5% 和 8% 的利率借入美元和英镑资金，然后按照 6.5% 的利率进行互换。具体如图 9-6 所示。

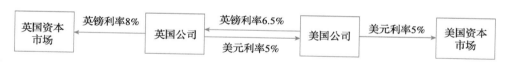

图 9-6　货币互换交易机制

从图 9-6 我们可以看到，美国 GC 公司事实上将欧元筹资利率锁定为 6.5%，而英国 ED 公司的筹资成本则变为 8% - 6.5% + 5% = 6.5%。对比没有货币互换条件下 7% 的筹资成本，双方都有了增益。在这个例子中，双方实际上是将 1%（= 7% + 7% - 5% - 8%）的利息成本节省在交易双方之间平均分配。实际操作中利益的分配比例取决于双方的议价能力。

具体步骤如下。

（1）初始本金交换：GC 公司在美国国内市场筹资 1 600 万美元，ED 公司从英国国内筹资 1 000 万英镑（目前市场汇率 1 英镑 = 1.6 美元）。ED 公司以约定汇率支付 1 000 万英镑给 CG 公司，GC 公司支付 1 600 万美元给 ED 公司。

（2）利息的定期支付：CG 公司以 5% 的利率从本国市场借入美元，ED 公司以

8%的利率从本国市场借入英镑，交换后每年年末，CG公司向ED公司支付利息$1\,000 \times 0.065 = 65$万英镑；ED公司向CG公司支付利息$1\,600 \times 0.05 = 80$万美元。然后两家公司分别将利息支付给各自国内的债权人。

（3）到期本金的再次交换：第5年年末，GC公司支付ED公司1 000万英镑，ED公司支付GC公司1 600万美元，然后两家公司将款项还给各自国内债权人。

在实践操作中，节省的利息成本不尽是交易双方分配，也有一部分作为互换中间商的中介费用。因此，实践互换中节省的利息成本要略低于理论上的数值。

2. 利用货币互换调整资产和负债的结构

借款人可以根据外汇汇率和各种货币的利率变化，通过货币互换，不断调整资产和负债的货币结构，使其更加合理，避免外汇汇率和利率变化带来的风险。

【例9-3】假设一个英国公司通过在国际债券市场上发行债券募集了5 600万美元的资金，期限为10年，公司实际希望用英镑支付利息。假设发行债券时的即期汇率是1英镑=1.4美元，债券的固定利率是5%，则：

（1）公司在收到5 600万美元的资金之后可以出售美元来获取英镑。它得到5 600/1.4=4 000万英镑。

（2）公司可以安排一个10年期的货币互换，在这种安排下，它承诺向互换银行支付本金为4 000万英镑的利息，比如按照6.5%的固定利率，并且在互换结束时向银行支付4 000万英镑的本金。作为交换条件，互换银行同意支付本金5 600万美元产生的利息。假设银行支付的固定利率是5%。银行还要承诺在10年后互换结束时支付5 600万美元给公司。

（3）互换后公司要支付债券的美元利息，但在互换中会收到美元的利息；公司在10年之后要支付5 600万美元来赎回债券，但同时会从互换中收到5 600万美元。

具体过程如表9-6所示。

表9-6　利用互换对负债管理

	美元	英镑
债券：支付固定利率	（5.00%）	
互换交易：		
收到美元固定利率	5.00%	
支付英镑固定利率		（6.5%）

（续）

	美元	英镑
净利息成本	0	（6.5%）
债券和互换到期时：		
债券：用于偿还债券本金	（5 600 万）	
互换交易：		
收到互换银行美元付款	5 600 万	
支付英镑给互换银行		（4 000 万）
净付款	0	（4 000 万）

由表 9-6 可知，美元支付利息及本金的义务和互换交易收到的美元彼此抵消了，从而使公司只有支付英镑的付款义务。英镑是公司更喜欢的货币，通过互换调整负债的货币结构，从而规避利率、汇率风险。

9.3.3　货币互换定价

1. 货币互换的初始定价

货币互换定价也是确定互换合约条款中规定的固定利率。确定固定利率的原理与利率互换基本相同，在这里不再重复。货币互换可以看成是发行某个币种的债券，按即期汇率转换为其他货币，并买进该币种计价的债券。因此，任何一方的固定利率，都可以简单视为某个币种之下发行债券的息票率。从利率期限结构，就能够轻松求解出需要的利率。

【例 9-4】　美国 G 公司计划拓展其欧洲业务，需要借入 1 000 万欧元，G 公司可以借入美元后再把美元转换成欧元，当前汇率是 1 欧元等于 0.980 4 美元，但是其欧洲业务所产生的现金流是欧元，所以它更愿意支付欧元利息，于是 G 公司找到了 A 银行与它达成了一项互换协议。即期初 A 银行向 G 公司支付 1 000 万欧元，G 公司向 A 银行支付 980.4 万美元，之后的两年内 A 银行向 G 公司支付固定美元利息，G 公司向 A 银行支付固定欧元利息，合约期满时 A 银行从 G 公司收到 1 000 万欧元，G 公司从 A 银行收到 980.4 万美元，那么使合约成立的欧元利率和美元利率分别是多少？

表 9-7 显示了美元 LIBOR 及建立在 Euribor 基础上的欧元利率期限。

表 9-7　美元 LIBOR 与 Euribor 的利率期限结构及贴现因子

美元 LIBOR 与 Euribor 的利率期限结构		
到期日	美元 LIBOR(%)	Euribor(%)
6 个月	5.6	3.9
9 个月	5.8	4.3
18 个月	6.2	4.4
24 个月	6.4	4.5
美元 LIBOR 与 Euribor 的贴现因子		
到期日	美元 LIBOR(%)	Euribor(%)
6 个月	$1/[1+0.056(180/360)]=0.9728$	$1/[1+0.039(180/360)]=0.9808$
9 个月	$1/[1+0.058(360/360)]=0.9452$	$1/[1+0.043(360/360)]=0.9588$
18 个月	$1/[1+0.062(540/360)]=0.9149$	$1/[1+0.044(540/360)]=0.9381$
24 个月	$1/[1+0.064(720/360)]=0.8865$	$1/[1+0.045(720/360)]=0.9174$

货币互换固定利率的计算公式为：

$$R = \frac{1 - \dfrac{1}{(1+r)^n}}{\sum_{i=1}^{n} \dfrac{1}{(1+r_i)^i}} = \frac{1 - 最终贴现因子}{贴现因子之和}$$

则：

$$互换美元的固定利率 = 2 \times \frac{1 - 0.8865}{0.9728 + 0.9479 + 0.9149 + 0.8865} = 0.061$$

$$互换欧元的固定利率 = 2 \times \frac{1 - 0.9174}{0.9809 + 0.9588 + 0.9381 + 0.9174} = 0.0435$$

A 银行同意按固定利率支付美元利息，收到固定欧元利息，则美元利率为 6.1%，欧元利率为 4.35%。

如果 A 银行同意按浮动利率支付美元利息，收到固定欧元利息，则美元利率为 LIBOR，欧元利率为 4.35%。同理，如果美元利息是固定的，欧元利息是浮动的，那么美元利率为 6.1%。

如果互换双方都是以浮动利率支付利息，那么互换利率分别是美元 LIBOR 和 Euribor。

2. 货币互换在有效期内的价值

货币互换初期，公平定价使互换的价值为零，但在此后的互换期间内由于利率的变动，互换的价值会发生变化，对货币互换的估值也要利用利率期限结构以及新的即期汇率。

【**例 9-5**】　假设上述 G 公司与 A 银行的互换协议已经持续了 3 个月，此时汇率为 1 欧元等于 0.979 0 美元。这时对于 A 银行而言，货币互换的价值等于剩余美元现金流入量现值与剩余欧元现金流出量现值之差。表 9-8 列出了新的利率期限结构。

表 9-8　新的美元 LIBOR 与 Euribor 的利率期限结构及贴现因子

美元 LIBOR 与 Euribor 的利率期限结构		
到期日	美元 LIBOR(%)	Euribor(%)
3 个月	5.5	3.9
9 个月	6.1	4.3
15 个月	6.4	4.5
21 个月	6.6	4.6
美元 LIBOR 与 Euribor 的贴现因子		
到期日	美元 LIBOR(%)	Euribor(%)
3 个月	$1/[1+0.055(90/360)]=0.986\ 0$	$1/[1+0.039(90/360)]=0.990\ 3$
9 个月	$1/[1+0.061(270/360)]=0.956\ 3$	$1/[1+0.043(270/360)]=0.968\ 8$
15 个月	$1/[1+0.064(450/360)]=0.925\ 9$	$1/[1+0.045(450/360)]=0.946\ 7$
21 个月	$1/[1+0.066(630/360)]=0.896\ 5$	$1/[1+0.046(630/360)]=0.925\ 5$

$$美元利息支付 = 9\ 804\ 000 \times 6.1\% \times 0.5 = 299\ 022(美元)$$

$$欧元利息支付 = 10\ 000\ 000 \times 4.35\% \times 0.5 = 217\ 500(欧元)$$

$$美元的支付现值 = 299\ 022 \times (0.986\ 0 + 0.956\ 3 + 0.925\ 9 + 0.896\ 5)$$
$$+ 9\ 804\ 000 \times 0.896\ 5 = 9\ 915\ 014(美元)$$

$$欧元的支付现值 = 217\ 500 \times (0.990\ 3 + 0.968\ 8 + 0.946\ 7 + 0.925\ 5)$$
$$+ 10\ 000\ 000 \times 0.925\ 5 = 10\ 088\ 308(欧元)$$

$$用美元表示的欧元支付现值 = 10\ 088\ 308 \times 0.979\ 0 = 9\ 876\ 454(美元)$$

$$A\ 银行货币互换的价值(收到欧元,支付美元) = 9\ 876\ 454 - 9\ 915\ 014$$
$$= -68\ 560(美元)$$

○ **本章小结**

- 金融互换指的是双方约定在一定期限内相互交换一系列现金流的协议。最早的金融互换是 20 世纪 70 年代末，在平行贷款和背对背贷款的基础上发展起来的。

- 金融互换是一种新型的衍生工具，除了具有传统衍生工具的一些特征，也有自身的一些特点。

- 利率互换是指互换双方同意在未来的一定期限内以同种货币的相同的名义本金为

基础交换按不同类型的利率(固定利率或浮动利率)计算的利息流。

- 利率互换具有利率风险管理、降低融资成本、进行资产负债管理的作用。
- 利率互换定价是指确定互换合约条款中规定的固定利率。
- 互换协议签订后,市场利率的变化会导致协议的价值不再为零,交易一方将赢得价值收益,而对另一方而言则是成本。
- 货币互换是指双方约定在期初互换两种不同的货币,而在期中互换所得到的货币利息,到期末再换回两种不同的货币。
- 货币互换具有降低筹资成本、调整资产和负债的结构的作用。
- 货币互换定价是确定互换合约条款中规定的固定利率。
- 货币互换初期,公平定价使互换的价值为零,但在此后的互换期间内,由于利率的变动,互换的价值会发生变化,对货币互换的估值也要利用利率期限结构以及新的即期汇率。

○ 课后习题

1. 金融互换有何特点?
2. 阐述利率互换的交易机制。
3. 简述利率互换与货币互换的作用。
4. 解释互换价格与互换价值的区别。
5. N 公司由于规模太小无法发行债券,但是希望得到 300 万英镑的固定利率贷款。因此,它从银行借入 300 万英镑的 5 年期贷款,利率是 LIBOR 加 125 个基点。同时,它还通过银行安排了一个 5 年期互换合约,在这个合约安排下,公司支付 5.7% 的固定利率,收取利息按 LIBOR。

   由于引入了互换,公司总体借贷成本为多少?

6. K 公司想按固定利率借入 500 万英镑,借期为 5 年,可以通过发行 6% 的固定利率债券的方式募集资金。它也可以按 LIBOR 加 50 个基点的浮动利率借入资金。L 公司也想借入 500 万英镑,借期也是 5 年,但它想按浮动利率借入资金。它可以按 LIBOR 加 100 个基点的浮动利率借入资金,也可以按 6.2% 的固定利率发行 5 年期的债券。

   一家互换银行认为这里存在一个信贷套利的机会。假设不考虑互换银行的任何利润或回报,也就是说,套利的好处只由两家公司来分享。

请展示如何利用互换安排来降低信贷成本。

7. 一家美国公司可通过发行6%的固定利率的5年期欧元债券的方式募集资金。它希望利用这个机会来获得新的融资，但更愿意把自己的负债变成美元，而且是按和美元 LIBOR 挂钩的浮动利率来支付利息。

请解释如何利用货币互换来达到公司希望的局面。假设互换中欧元的固定利率是6%，互换开始时的即期欧元/美元汇率是1欧元=0.9美元。

8. 你的公司准备在美国建一个合资企业，预期在未来6年中会产生美元收入。另外还预计6年之后公司在合资企业中的股份会卖6 000万美元，就此已经与合资企业合伙方达成协议。

如何利用货币互换来对冲公司面临的货币风险？假设当前的英镑/美元即期汇率是1英镑=1.2美元，并且6年期互换的美元固定利率是5%，英镑固定利率是5.8%。

9. 即期1年和2年期美元利率分别为5%和6%，即期1年和2年期欧元利率分别为4%和5%，即期美元兑欧元汇率为1欧元=1.2美元。

请确定美元兑欧元2年期互换(每年交换一次利息)合适的固定利率。

附录
Appendix

正态分布曲线的面积

Z	0.00	0.01	0.02	0.03	0.04	0.05	0.06	0.07	0.08	0.09
0.00	0.000 0	0.004 0	0.008 0	0.012 0	0.016 0	0.019 9	0.023 9	0.027 9	0.031 9	0.035 9
0.10	0.039 8	0.043 8	0.047 8	0.051 7	0.055 7	0.059 6	0.063 6	0.067 5	0.071 4	0.075 3
0.20	0.079 3	0.083 2	0.087 1	0.091 0	0.094 8	0.098 7	0.102 6	0.106 4	0.110 3	0.114 1
0.30	0.117 9	0.121 7	0.125 5	0.129 3	0.133 1	0.136 8	0.140 6	0.144 3	0.148 0	0.151 7
0.40	0.155 4	0.159 4	0.162 8	0.166 1	0.170 0	0.173 6	0.177 2	0.180 8	0.184 4	0.187 9
0.50	0.191 5	0.195 0	0.198 5	0.201 0	0.205 4	0.208 8	0.212 3	0.215 7	0.219 0	0.222 4
0.60	0.225 7	0.229 1	0.232 4	0.235 7	0.238 9	0.242 2	0.245 4	0.248 6	0.251 7	0.254 9
0.70	0.258 0	0.261 1	0.264 2	0.267 3	0.270 3	0.273 4	0.276 4	0.279 3	0.282 3	0.285 2
0.80	0.288 1	0.291 0	0.293 9	0.296 7	0.299 5	0.302 3	0.305 1	0.307 8	0.310 6	0.313 3
0.90	0.315 9	0.318 6	0.321 2	0.323 8	0.326 4	0.328 9	0.331 5	0.334 0	0.336 5	0.338 9
1.00	0.341 3	0.343 8	0.346 1	0.348 5	0.350 8	0.353 1	0.355 4	0.357 7	0.359 9	0.362 1
1.10	0.364 3	0.366 5	0.368 6	0.370 3	0.372 9	0.374 9	0.377 0	0.379 0	0.381 0	0.383 0
1.20	0.384 9	0.386 9	0.388 8	0.390 7	0.392 5	0.394 3	0.396 2	0.398 0	0.399 7	0.401 5
1.30	0.403 2	0.404 9	0.406 6	0.408 2	0.409 9	0.411 5	0.411 5	0.414 7	0.416 2	0.417 7
1.40	0.419 2	0.420 7	0.422 2	0.423 6	0.425 1	0.426 5	0.427 9	0.429 2	0.430 6	0.431 9
1.50	0.433 2	0.434 5	0.435 7	0.437 0	0.438 2	0.439 4	0.440 6	0.441 8	0.442 9	0.444 1
1.60	0.445 2	0.446 3	0.447 4	0.448 4	0.449 5	0.455 0	0.451 5	0.452 5	0.453 5	0.454 5
1.70	0.455 4	0.456 4	0.457 3	0.458 2	0.459 1	0.459 9	0.460 8	0.461 6	0.462 5	0.463 3
1.80	0.464 1	0.464 9	0.465 6	0.466 4	0.467 1	0.467 8	0.468 6	0.469 3	0.469 9	0.470 6
1.90	0.471 3	0.471 9	0.472 6	0.473 2	0.473 8	0.474 4	0.475 0	0.475 6	0.476 1	0.476 7
2.00	0.477 2	0.477 8	0.478 3	0.478 8	0.479 3	0.479 8	0.480 3	0.480 8	0.481 2	0.481 2
2.10	0.482 1	0.482 6	0.483 0	0.483 4	0.483 8	0.484 2	0.484 6	0.485 0	0.485 4	0.485 7
2.20	0.486 1	0.486 4	0.486 8	0.487 1	0.487 5	0.487 8	0.488 1	0.488 4	0.488 7	0.489 0
2.30	0.489 3	0.489 6	0.489 8	0.490 1	0.490 4	0.490 6	0.490 9	0.491 1	0.491 3	0.491 6
2.40	0.491 8	0.492 0	0.492 2	0.492 5	0.492 7	0.492 9	0.493 1	0.493 2	0.493 4	0.493 6
2.50	0.493 8	0.494 0	0.494 1	0.494 3	0.494 5	0.494 6	0.494 8	0.494 9	0.495 1	0.495 2
2.60	0.495 3	0.495 5	0.495 6	0.495 7	0.495 9	0.496 0	0.496 1	0.496 2	0.496 3	0.496 4
2.70	0.496 5	0.496 6	0.496 7	0.496 8	0.496 9	0.497 0	0.497 1	0.497 2	0.497 3	0.497 4
2.80	0.497 4	0.497 5	0.497 6	0.497 7	0.497 7	0.497 8	0.497 9	0.497 9	0.498 0	0.498 1
2.90	0.498 1	0.498 2	0.498 2	0.498 3	0.498 4	0.498 4	0.498 5	0.498 5	0.498 6	0.498 6
3.00	0.498 6	0.498 7	0.498 7	0.498 8	0.498 8	0.498 9	0.498 9	0.498 9	0.499 0	0.499 0
3.10	0.499 0	0.499 1	0.499 1	0.499 1	0.499 2	0.499 2	0.499 2	0.499 2	0.499 3	0.499 3
3.20	0.499 3	0.499 3	0.499 4	0.499 4	0.499 4	0.499 4	0.499 4	0.499 5	0.499 5	0.499 5
3.30	0.499 5	0.499 5	0.499 5	0.499 6	0.499 6	0.499 6	0.499 6	0.499 6	0.499 6	0.499 7
3.40	0.499 7	0.499 7	0.499 7	0.499 7	0.499 7	0.499 7	0.499 7	0.499 7	0.499 7	0.499 8
3.50	0.499 8	0.499 8	0.499 8	0.499 8	0.499 8	0.499 8	0.499 8	0.499 8	0.499 8	0.499 8
3.60	0.499 8	0.499 8	0.499 9	0.499 9	0.499 9	0.499 9	0.499 9	0.499 9	0.499 9	0.499 9
3.70	0.499 9	0.499 9	0.499 9	0.499 9	0.499 9	0.499 9	0.499 9	0.499 9	0.499 9	0.499 9
3.80	0.499 9	0.499 9	0.499 9	0.499 9	0.499 9	0.499 9	0.499 9	0.499 9	0.499 9	0.499 9
3.90	0.500 0	0.500 0	0.500 0	0.500 0	0.500 0	0.500 0	0.500 0	0.500 0	0.500 0	0.500 0

注：Z 为标准差的个数，表中数据是平均数和 Z 个标准差之间的那部分正态曲线下的总面积。

参 考 文 献

[1] 陈威光. 金融衍生工具[M]. 武汉：武汉大学出版社，2013.

[2] 朱健卫. 衍生金融：市场、产品与模型[M]. 天津：南开大学出版社，2009.

[3] 邬瑜骏，黄丽清，汤震宇. 金融衍生产品：衍生金融工具理论与应用[M]. 北京：清华大学出版社，2007.

[4] 中国期货业协会. 套期保值与套利交易[M]. 北京：中国财政经济出版社，2006.

[5] 唐衍伟. 期货价差套利[M]. 北京：经济科学出版社，2006.

[6] 朱国华，褚海. 期货投资学：理论与实务[M]. 上海：上海财经大学出版社，2006.

[7] 黄河，等. 互换交易[M]. 武汉：武汉大学出版社，2005.

[8] 郑振龙. 衍生产品[M]. 武汉：武汉大学出版社，2005.

[9] 陈舜. 期权定价理论及其应用[M]. 北京：中国金融出版社，1998.

[10] 约翰·赫尔. 期权与期货市场基本原理[M]. 王勇，袁俊，译. 北京：机械工业出版社，2011.

[11] 费利穆·鲍意尔. 金融衍生产品：改变现代金融的利器[M]. 北京：中国金融出版社，2006.

[12] 约翰·赫尔. 期权、期货和其他衍生品[M]. 北京：清华大学出版社，2006.

[13] 芝加哥期权交易所期权学院. 期权：基本概念与交易策略[M]. 郭晓利，郑学勤，译. 北京：中国财政经济出版社，2006.

[14] 罗伯特·麦克唐纳. 衍生产品市场[M]. 钱立，译. 北京：中国人民大学出版社，2006.

[15] 约翰·斯蒂芬斯. 用商品期货与期权管理商品风险[M]. 马小芳，等译. 北京：中国人民大学出版社，2004.

[16] 勒内 M 斯塔茨. 风险管理与衍生产品[M]. 程炼，杨涛，译. 北京：机械工业出版社，2004.

[17] 罗伯特·汤普金斯. 解读期权[M]. 陈宋生，崔宏，刘锋，译. 北京：经济管理出版社，2004.

[18] 唐 M 钱斯. 衍生金融工具与风险管理[M]. 郑磊，译. 北京：中信出版社，2004.

[19] 布赖恩·科伊尔. 利率风险管理[M]. 谭志琪，王庆，译. 北京：中信出版社，2003.

[20] 朱利安·沃姆斯利. 新金融工具[M]. 类承曜，等译. 北京：中国人民大学出版社，2003.

[21] 查尔斯 W 史密森. 管理金融风险：衍生产品、金融工程和价值最大化管理[M]. 应惟伟，王闻，田萌，等译. 北京：中国人民大学出版社，2003.

［22］ 埃里克·布里斯，等．期权、期货和特种衍生证券：理论、应用和实践［M］．史树中，等译．北京：机械工业出版社，2002.

［23］ 米歇尔 C 托姆塞特．期权投资入门［M］．贺大勇，译．北京：中国金融出版社，2001.

［24］ 默顿·米勒．默顿·米勒论金融衍生工具［M］．刘勇，刘菲，译．北京：清华大学出版社，1999.

金融教材译丛系列

课程名称	书号	书名、作者及出版时间	定价
国际财务管理	即将出版	跨国金融管理（第2版）（贝克特）（2015年）	59
财务管理（公司理财）	978-7-111-40145-2	公司财务原理（第10版）（布雷利）（2012年）	119
财务分析	978-7-111-47254-4	财务分析：以Excel为分析工具（第6版）（梅斯）（2014年）.	59
国际金融学	978-7-111-36555-6	国际金融（第12版）（艾特曼）（2012年）	79
国际金融学	即将出版	国际金融（第2版）（贝克特）（2015年）	49
国际金融学	即将出版	国际金融（皮尔比姆）（2015年）	69
国际金融学	978-7-111-34411-7	汇率与国际金融（第5版）（科普兰德）（2011年）	62
行为金融学	978-7-111-34808-5	行为金融（福布斯）（2011年）	62
行为金融学	978-7-111-39995-7	行为金融：心理、决策和市场（阿克特）（2012年）	59
商业银行经营管理学	978-7-111-43750-5	商业银行管理（第9版）（罗斯）（2013年）	85
金融中介学	978-7-111-31493-6	金融市场与金融机构基础（第4版）（法博齐）（2010年）	79
金融衍生品市场与工具	978-7-111-29040-7	衍生工具（惠利）（2009年）	79
金融衍生品市场与工具	978-7-111-48473-8	衍生工具与风险管理（第9版）（钱斯）（2014年）	89
金融学（货币银行学）	978-7-111-45547-9	货币金融学原理（第12版）（里特）（2014年）	59
金融市场学	978-7-111-26841-3	现代金融市场：价格、收益及风险分析（布莱克威尔）（2009	58
金融工程	978-7-111-29940-0	金融工程（博蒙特）（2010年）	38
金融工程	978-7-111-34616-6	期权与期货市场基本原理（第7版）（赫尔）（2011年）	65
金融工程	978-7-111-27213-7	衍生物市场基础（麦克唐纳德）（2009年）	52
金融风险管理	978-7-111-41734-7	风险管理与金融机构（第3版）（赫尔）（2013年）	69
兼并、收购与公司重组	978-7-111-35538-0	兼并、收购和公司重组（第2版）（阿扎克）（2011年）	62
固定收益证券	978-7-111-44457-2	固定收益证券（第3版）（塔克曼）（2013年）	79
创业金融	978-7-111-34619-7	创业金融（第2版）（史密斯）（2011年）	68
创业金融	978-7-111-33551-1	创业资本与创新金融（梅特里克）（2011年）	58
（证券）投资学	978-7-111-48772-2	投资学（第9版）（精要版）（博迪）（2014年）	55
（证券）投资学	即将出版	投资学基础：估值与管理（第6版）（乔丹）（2015年）	69

推 荐 阅 读

书名	作者	ISBN	价格
风险管理与金融机构 （第3版）	约翰.赫尔（John C. Hull） **多伦多大学**	978-7-111-41734-7	69.00
期权与期货市场基本原理 （第8版）	约翰.赫尔（John C. Hull） **多伦多大学**	978-7-111-53102-9	75.00
期权与期货市场基本原理 （第8版·英文版）	约翰.赫尔（John C. Hull） **多伦多大学**	978-7-111-54214-8	79.00
衍生工具与风险管理 （第9版）	唐·钱斯（Don M Chance） **路易斯安纳州立大学**	978-7-111-48473-8	89.00
固定收益证券 （第3版）	布鲁斯·塔克曼(Bruce Tuckman) **纽约大学**	978-7-111-44457-2	79.00
债券计算：公式背后的逻辑 （第2版）	唐纳德 J. 史密斯（Donald J. Smith） **波士顿大学**	978-7-111-51431-2	49.00
金融计量：金融市场统计分析 （第4版）	于尔根·弗兰克（Jürgen Franke） **凯撒斯劳滕工业大学**	978-7-111-54938-3	75.00
财务报表分析与证券估值 （第5版）	斯蒂芬 H. 佩因曼 （Stephen H. Penman） **哥伦比亚大学**	978-7-111-55288-8	129.00
财务报表分析与证券估值 （第5版·英文版）	斯蒂芬 H. 佩因曼 （Stephen H. Penman） **哥伦比亚大学**	978-7-111-52486-1	99.00
国际金融（第4版）	基思·皮尔比姆（Keith Pilbeam） **伦敦城市大学**	978-7-111-51784-9	79.00
金融经济学	弗兰克 J. 法博齐（Frank J. Fabozzi） **耶鲁大学**	978-7-111-50557-0	99.00
行为金融	威廉·福布斯(William Forbes) **英国拉夫堡大学**	978-7-111-34808-5	62.00
行为金融：心理、决策和市场	露西 F. 阿科特（Lucy F. Ackert） **英国肯尼索州立大学**	978-7-111-39995-7	59.00